JN023418

シリーズ▶財産評価の現場

土地の減価補正

税理士 風岡範哉［著］

ぎょうせい

は し が き

　相続税及び贈与税の実務においては，財産の評価が重要なポイントとなる。特に土地は，財産に占める割合が多く，土地の評価をどのように行うかによって税額が大幅に異なることになるため影響が大きい。

　その土地の評価にあたっては，まずはどのような形状の土地であるかという1画地の判定を行い，次にその土地の形状等に応じた減価補正を行う。

　減価補正とは，標準的な宅地の路線価を基準として，評価対象地の個別事情に応じた補正を行うことをいう。減価補正には，間口狭小補正や不整形地補正，がけ地補正といった100項目以上の項目がある（財産評価基本通達においては，第1章の「総則」で10項目，第2章「土地及び土地の上に存する権利」で114項目が定められている。）。

　さらに，近年において，減価補正が多様なものとなっており，その財産評価基本通達の取扱いを確認しておくのみでは足りず，国税庁の質疑応答事例やタックスアンサー，資産評価企画官情報，裁判例・裁決例などで示されている減価要因を網羅しておく必要がある。

　このように土地の評価は標準的な路線価から減価を行うという減点方式となっているため，いかに漏れなく減価を行うかが重要となってくる。減価が可能な要因があるにもかかわらず，補正を行わずに評価することは過大な評価すなわち評価過誤となってしまう。

　また，土地は個別性が強いものであるため，すべてのケースを想定して評価基準を定めることができない。そこで，取扱いの上で解釈（評価の方法に複数の選択肢）が生じることがある。そのような場合には，いかに「時価」を適正に算定できるかが重要となってくる。

そこで，本書では，土地評価に携わる実務家向けに，実務で頻度の高い，また，関心の高い重要項目について，財産評価基本通達，国税庁質疑応答事例，タックスアンサー，裁判例・裁決例などの取扱いを整理し，減価を漏れなく，また，適正な評価ができるようにすることを目的としている。日頃から財産評価の実務に取り組まれている実務家のお役に立てば幸いである。

　また，冒頭の「１画地の判定」については，昨年，シリーズ財産評価の現場として『土地の評価単位』（ぎょうせい，2021年）を上梓させて頂いた。本書とあわせて活用して頂けたら理解を深めることができると思う。

　なお，本書においても非公開裁決を含めた裁判例や裁決例を掲載しているが，今日その情報が収集できるのも TAINS（税理士情報ネットワークシステム）税法データーベース編集室の方々のご尽力によるものであり，この場を借りて御礼申し上げたい。

　最後に，本書の刊行の機会を与えてくださった株式会社ぎょうせいに御礼申し上げたい。

令和４年４月

税理士　風岡　範哉

目　次

はしがき

第1章　路線価方式 ……………………………………………… 1

第5章　地積規模の大きな宅地 ································· 77

第6章　借地権 ……………………………………………………*95*

第7章　貸家建付地 ……………………………………… 123

凡 例

相法……………………相続税法

民………………………民法

建基法…………………建築基準法

都計法…………………都市計画法

評価通達………………財産評価基本通達

法基通…………………法人税基本通達

所基通…………………所得税基本通達

＊本文中における，裁判例の「原告」，裁決例の「審査請求人」は
納税者のことをいい，裁判例の「被告」，裁決例の「原処分庁」
は課税庁（税務署）のことをいう。

第1章
路線価方式

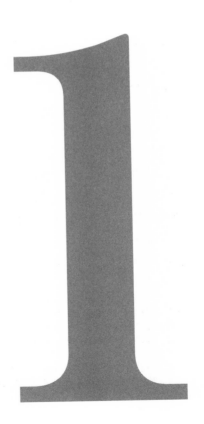

1 時価とは何か

(1) 相続税法における時価

　まず，相続税や贈与税において求める価額とは何かという点である。

　相続税法では，相続や遺贈，贈与によって取得した財産の価額は，その取得の時における「時価」によって評価するものと定められている[*1]。

　ここでいう「時価」とは，「客観的な交換価値」すなわち「不特定多数の当事者間の自由な取引において通常成立すると認められる取引の価額」を意味すると解されている[*2]。

　「不特定多数の当事者間」であることから主観的な要素は排除され，「自由な取引が行われる場合に通常成立すると認められる価額」であることから，買い進み，売り急ぎがなかったものとした場合における価額とされている[*3]。

　また，「取得の時」とは，相続，遺贈又は贈与により財産を取得した時点をいい，具体的には被相続人や遺贈者の死亡の日又は贈与の日をいう。したがって，その後に相続財産を実際に売却する際の価格の動向は影響されないものと解され，相続による財産の取得後に何らかの理由によってその価値が下落した場合（例えば，上場株式の時価が翌日に急落した場合）にも，課税価格に算入されるべき

[*1]　相続税法22条において「相続，遺贈又は贈与により取得した財産の価額は，当該財産の取得の時における時価により，当該財産の価額から控除すべき債務の金額は，その時の現況による」と定められている。

[*2]　東京地裁平成4年3月11日判決〔税務訴訟資料188号639頁〕，東京地裁平成9年1月23日判決〔税務訴訟資料222号94頁〕など

[*3]　宇野沢貴司『財産評価基本通達逐条解説（令和2年版）』（大蔵財務協会，2020年）6〜7頁

価額は，相続時における時価であると解されている*4。

(2) 税務通達の趣旨

さて，相続税法では，「時価」と定められているものの，実際に評価対象地を不特定多数の当事者間で売買しているわけではないため客観的交換価値を算定するのは困難となる。

そこで，「時価」の具体的な評価方法として，あらかじめ定められている路線価方式や倍率方式といった評価基準（財産評価基本通達）によって算出することとされている。

なお，税務通達は，上級行政庁の下級行政庁に対する内部通達（行政庁の解釈）であって，法規たる性質を有さず，それ自体は納税者を拘束するものではない。時価には，実勢価額，公示価格・基準地価格，不動産鑑定評価額，宅建業者の査定価格など様々なものがあり，納税者は土地の評価において通達に定める評価方式を適用しなくてもよいこととなる。

ただし，裁判例・裁決例においては，①財産の客観的な交換価値を的確に把握することは必ずしも容易ではないこと，②個別的な評価は，その評価方式，基礎資料の選択の仕方等により評価額に格差が生じること，③課税庁の事務負担が重くなり，課税事務の迅速な処理が困難となるおそれがあることなどから，評価基準により画一的に評価する方が，納税者間の公平，納税者の便宜，徴税費用の節減という見地からみて，合理的であると解されている*5。

したがって，納税者においても，財産評価基本通達の評価方式を不合理とする特別の事情がない限り，これに基づいて評価を行うことが一般的となる。

＊4 東京地裁平成9年5月29日判決〔税務訴訟資料223号918頁〕，東京地裁平成9年1月23日〔税務訴訟資料222号94頁〕，福島地裁平成10年9月28日判決〔税務訴訟資料238号269頁〕
＊5 平成10年6月23日裁決〔裁決事例集55巻479頁〕，東京地裁平成11年8月10日判決〔税務訴訟資料244号291頁〕など

2 評価の方式

(1) 路線価方式

　財産評価基本通達に定める土地の評価には，路線価方式と倍率方式がある。

　路線価方式とは，１画地[6]ごとの宅地の価額を，その宅地に面する路線価を基とし，奥行価格補正や不整形地補正などの画地調整を施し，その宅地の地積を乗じて評価額を算出する方法である（図表－１）。

　一方，倍率方式は，路線価が定められていない地域の評価方法であり，固定資産税評価額に国税局長が定める一定の評価倍率を乗じて評価する[7]。

●図表－１　路線価図

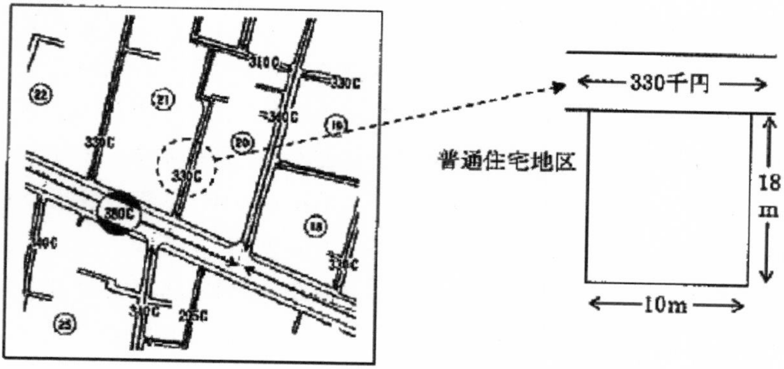

（路線価）	（奥行価格補正率）	（面積）	（評価額）

330千円　×　　1.00　　×　180㎡　＝　59,400千円

---

*6　「１画地ごと」をどのように判定するのかといった評価単位については，風岡範哉『シリーズ 財産評価の現場　土地の評価単位』（ぎょうせい，2021年）参照。

路線価は，宅地の価額が概ね同一と認められる一連の宅地が面している不特定多数の者の通行の用に供されている路線ごとに設定されており，その価額は，売買事例価額，公示価格，精通者意見価格等を基として国税局長が評定した1㎡当たりのものである。

路線価を設定する際に基準となる標準宅地の条件としては，以下の4事項のすべてに該当するものとされている（評価通達14）。

(イ)　その路線のほぼ中央部にあること

(ロ)　その一連の宅地に共通している地勢にあること

(ハ)　その路線だけに接していること

(ニ)　その路線に面している宅地の標準的な間口距離及び奥行き距離を有するく形又は正方形のものであること

なお，(ニ)の「標準的な間口距離及び奥行距離」とは，それぞれ奥行価格補正率及び間口狭小補正率がいずれも1.00であり，かつ，奥行長大補正率の適用を要しないものが該当する。

(2)　路線価の補正

路線価方式では，その宅地が面する路線価を基とし，財産評価基本通達15（奥行価格補正）から同20-7（容積率の異なる2以上の地域にわたる宅地の評価）に定める補正を行う（図表-2）。

倍率方式においては，これに代えて，すでに付されている固定資産税評価額に評価倍率を乗じて評価する。その固定資産税評価額も，国税庁評価基準と同様の総務省の評価基準に沿って，標準的な路線価から奥行価格補正や不整形地補正といった画地計算法を行って算出されている。

次に，路線価方式や倍率方式によって求められた価額について，評価通達22（大規模工場用地の評価）から同24-8（文化財建造物

＊7　市街地的形態を形成する地域（主として市街化区域）にある宅地については，基本的には路線価方式が採られているが，必ずしも市街化区域＝路線価地域，市街化調整区域＝倍率地域ではない。市街化区域において倍率地域のところもある。

●図表－2　減価項目と評価規定の構造

≪総則・通則≫
評価の原則（1）／この通達の定めにより難い場合の評価（6）／土地の評価上の区分（7）／評価単位（7-2）／地積（8）

≪路線価方式≫
地区（14-2）／特定路線価（14-3）／奥行価格補正（15）／側方路線影響加算（16）／二方路線影響加算（17）／三方又は四方路線影響加算（18）／不整形地の評価（20）／地積規模の大きな宅地の評価（20-2）／無道路地の評価（20-3）／間口が狭小な宅地等の評価（20-4）／がけ地等を有する宅地の評価（20-5）／土砂災害特別警戒区域にある宅地の評価（20-6）／容積率の異なる 2 以上の地域にわたる宅地の評価（20-7）

≪倍率方式≫
倍率方式（21）

大規模工場用地の評価（22～22-3）／余剰容積率の移転がある場合の宅地の評価（23, 23-2）／私道の用に供されている宅地の評価（24）／土地区画整理事業施行中の宅地の評価（24-2）／造成中の宅地の評価（24-3）／農業用施設用地の評価（24-5）／セットバックを必要とする宅地の評価（24-6）／都市計画道路予定地の区域内にある宅地の評価（24-7）／文化財建造物である家屋の敷地の用に供されている宅地の評価（24-8）

【国税庁情報】土壌汚染地の評価／庭内神しの敷地の評価
【国税庁タックスアンサー】利用価値の著しく低下している宅地の評価
【裁判例・裁決例】埋蔵文化財, 産業廃棄物のある宅地の評価／赤道のある宅地の評価

相続税評価額

である家屋の敷地の用に供されている宅地の評価）までに定められている補正を行う。

　ここでは，倍率方式による場合であっても，例えば，土地区画整理事業施行中の宅地の評価（評価通達24－2），セットバックを必要とする宅地の評価（同24－6），都市計画道路予定地の区域内にある宅地の評価（同24－7）などを行う必要があるため留意したい。

　さらに，財産評価基本通達に定めるもの以外，例えば，国税庁の情報やタックスアンサー，裁判例・裁決例において適用される減価補正があればそれを行う必要がある。

このような評価の方式は，標準的な宅地の価額を不動産鑑定的手法を用いて評定し，これをその路線に面する他の宅地にも適用するとともに，通常その価格形成に影響すると考えられる定型的な要因についてあらかじめ定められた補正（加算）率によって修正するものであり，いわば，簡易な不動産鑑定と定型的補正とを組み合せた方式として採用されている[8]。

3　特定路線価

(1)　路線価の付されていない道路に接する土地の評価

　路線価は不特定多数の者の通行の用に供されている道路に付されていることから，特定の者の通行の用の供されている道路（例えば，行き止まり道路）においては路線価が付されていないケースが多い。
　この場合，図表－3のように，路線価の付されていない道路に接する土地の評価については，路地状敷地（旗状地）として評価する方法と特定路線価を設定する方法の2つがある。

●図表－3　接続路線と評価路線

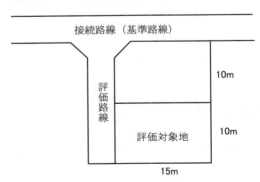

*8　名古屋地裁平成16年8月30日判決〔判例タイムズ1196号60頁〕

●図表－4　路地状敷地としての評価

(2)　路地状敷地として評価する方法

　路地状敷地（旗状地）として評価する方法とは，例えば，図表－
4のように，その特定路線価を設定しようとする道路に接続する路
線（以下，「接続路線」又は「基準路線」という）の路線価を基に，
その接続路線と評価対象地である土地との位置関係等に基づき財産
評価基本通達に定める画地補正を行って評価する方法である。

　その場合，評価対象地を接道義務を満たす最小の幅員の通路が設
置されている土地と想定し，奥行価格補正や不整形地補正を行って
評価する*9。

　この方法は，一般に，その土地がその接続路線から遠く離れてい
る場合や地区区分が異なる場合などを除き，その接続路線の影響を
受けていることから不合理であるとはいえないとされている*10。

(3)　特定路線価を設定して評価する方法

　(2)のように評価することが実情に即していない場合には，納税義

---

*9　同評価方法について詳しくは風岡範哉『シリーズ　財産評価の現場　土地の評
　　価単位』（ぎょうせい，2021年）198頁
*10　平成19年11月5日裁決〔裁決事例集74巻357頁〕

務者の申出等に基づいて，その道路に特定路線価を設定する（評価通達14－3）。

特定路線価は，税務署長がその特定路線価を設定しようとする道路（以下，「評価路線」という。）の付近の路線価を基に，道路の幅員や舗装の状況，こう配，上下水道・ガスの有無，通り抜けの可否といった当該道路の状況，地区の別等を考慮して評定する。

特定路線価に基づく評価方法は，接続路線の路線価を基に画地調整を行って評価する方法より合理的であるとする見解もある[11]。

(4) 特定路線価か路地状敷地としての評価か

さて，路線価の付されていない道路にのみ接している土地の評価において，税務署長に特定路線価を申請すべきか，路地状敷地として評価すべきかは，実務上常に判断に迷う点である。

特定路線価を設定すべきか否かについては，平成25年に各国税局のホームページで「特定路線価設定申出書の提出チェックシート」が公開されている（図表－5）。

そこでは，特定路線価の設定は，①路線価地域にあること，②路線価の設定されていない道路にのみ接していること，③評価する土地の利用者以外の人も利用する道路であること，④建築基準法上の道路であることの要件を満たすことが要件とされている。

つまり，少なくとも特定路線価の設定は建築基準法上の道路であることが要件となる。建築基準法の認定外であれば，接続する付近の路線価に基づいて路地状敷地として評価することになろう。

(5) 納税義務者からの申出等の意義

路線価の付されていない道路に接する土地の評価額は，一般的に，特定路線価を設定すると1～2割減額されることが多いことに対

---

[11]　平成24年11月13日裁決〔裁決事例集89巻333頁〕

●図表－5 特定路線価設定申出書の提出チェックシート

特定路線価設定申出書の提出チェックシート

申出者氏名：＿＿＿＿＿＿＿＿＿＿＿＿＿＿

「特定路線価設定申出書」を提出する場合には、次の事項のチェックをお願いします（原則として、「はい」が全て☑となった方のみ提出できます。）。

1　特定路線価の設定を必要とする年分の路線価は公開されていますか。

→ いいえ｜ 路線価の公開前に提出された場合には、路線価が公開された後の回答になります。

□ はい

2　特定路線価の設定を必要とする理由は、相続税又は贈与税の申告のためのものですか。

→ いいえ｜ 相続税又は贈与税の申告以外の目的のためには、特定路線価を設定できません。

□ はい

3　評価する土地等は、「路線価方式」により評価する地域（路線価地域）内にありますか。
※　財産評価基準書（路線価図・評価倍率表）で確認できます。

→ いいえ｜ 「倍率方式」により評価する地域内にある土地等は、固定資産税評価額に所定の倍率を乗じて評価します。

□ はい

4　評価する土地等は、路線価の設定されていない道路のみに接している土地等ですか。

→ いいえ

5　特定路線価を設定したい道路は、評価する土地等の利用者以外の人も利用する道路ですか。

→ いいえ

□ はい

6　特定路線価を設定したい道路は、建物の建築が可能な道路ですか。
※　都県又は市町村の部署（建築指導課等）で確認できます。

→ いいえ

原則として、既存の路線価を基に画地調整等を行って評価します。
　例えば、下図の場合、評価対象地が路線価の設定されている道路に接しているので、その路線価を基に評価します。
　なお、評価方法など不明な点につきましては、相続税又は贈与税の納税地を管轄する税務署にご相談下さい。
　相談の結果、「特定路線価設定申出書」を提出していただく場合もあります。

□ はい

★　特定路線価は、原則として「建築基準法上の道路等」に設定しています。
　「建築基準法上の道路等」とは、
　①　「建築基準法第42条第1項1号～5号又は第2項」に規定する道路
　②　「建築基準法第43条第1項ただし書」に規定する道路
　をいいます。

納税地を管轄する税務署に「特定路線価設定申出書」を提出してください。
※　納税地は、相続税の場合は被相続人の住所地、贈与税の場合は受贈者の住所地となります。

※　「特定路線価設定申出書」の提出時にこのチェックシートも併せて提出してください。
※　財産評価基準書（路線価図・評価倍率表）は国税庁ホームページ【www.rosenka.nta.go.jp】で確認できます。
※　通常、回答までに1か月程度の期間を要します。
※　このチェックシートについての不明な点につきましては、特定路線価を設定する土地等の所在する地域の評定担当署の評価専門官（裏面参照）にご相談下さい。

東京国税局ホームページ
（https：//www.nta.go.jp/about/organization/tokyo/topics/check/h25/pdf/02.pdf）

し*12，路地状敷地として評価を行うと不整形地補正などで2〜3割の減額がなされ，路地状敷地として評価した方が土地の価額が低くなる。

そこで，納税者においては，接続路線から遠く離れた土地を路地状敷地として評価する方法を選択した場合に，後から税務署長より特定路線価が設定される可能性があるのではないかとの懸念が生じる。

特定路線価は「納税義務者からの申出等」に基づき設定することが <u>できる</u> とされていることから，路地状敷地として評価する方法を選択した場合に，特定路線価による課税処分を受けることはありえないかというとそうではない。

特定路線価の設定ができる「納税義務者からの申出等」については，税務署長からの設定を含むとも考えられることから，路地状敷地として評価することが実情に即していない場合には，後から税務署長より特定路線価が設定される可能性があることに注意が必要である。

(6) 設定された特定路線価の適否は争えるか

納税者によって特定路線価の申出がなされた場合，税務署長は，接続路線及び付近の路線価を基に，当該道路の状況，地区の別等を考慮して特定路線価を設定する。

そこで，納税者は，設定された特定路線価に不服がある場合，これに異を主張することができるであろうか。

この税務署長による特定路線価の設定は，税法に規定する処分通知でないことから異議申立て及び審査請求の対象とならないとされている。

---

*12 相続税の路線価が付されていない道路であっても，固定資産税の路線価が付されているケースが多い。そこで，特定路線価の設定にあたっては，相続税評価額と固定資産税評価額との均衡化の観点から，固定資産税における接続路線と評価路線の格差が参考となる。

ただし，その評定において不合理と認められる特段の事情がある場合には付された特定路線価は誤りとなり得る[13]。平成18年10月10日裁決〔TAINS・F0－3－152〕は，税務署長により設定された特定路線価の適否が争われた事例であり，設定された特定路線価が59,000円であるのに対して，納税者の主張する55,000円が採用されている。

本件の概要は以下の通りである。

(イ) 基準路線の路線価は，63,000円である。

(ロ) 基準路線は完全舗装されているのに対し，評価路線は未舗装である。

(ハ) 基準路線は，一方は幹線道路と接続しており，反対の一方も他の路線と接続しているのに対し，評価路線は，一方は当該幹線道路と接続しているが，反対側は行き止まりである。

(ニ) 評価路線の幅員については，入って約30メートルは約４メートルであるが，その奥は４メートル未満である。

(ホ) 下水道については，基準路線は公共下水道への接続があるが，評価路線は公共下水道への接続はなく，排水区域で処理区域外に存している。

●図表－6　特定路線価を設定する道路と比準する路線との格差

価格形成要因		基準とする路線		本件評価路線					
				請求人の主張		原処分庁の主張		裁決の認定	
道路条件	舗装状況	完全舗装	0.0	未舗装	－4.0	未舗装	－4.0	未舗装	－4.0
	幅員	4.0m	－2.0	4.0m 未満	－5.0	4.0m	－2.0	4.0m 未満	－5.0
	系統・連続性	普通	0.0	劣る	－2.0	劣る	－2.0	劣る	－2.0
環境条件	下水道	公共下水道引込可能	2.0	排水区域引込不能	0.0	—		排水区域引込不能	0.0
	都市ガス		0.0		－1.0	—			－1.0
基準路線に対する格差率		100.0		88.0		93.9		88.0	
路線価（14年分）		63,000円	100.0	55,000円	87.3	59,000円	93.7	55,000円	87.3

---

[13]　平成24年11月13日裁決〔裁決事例集89巻333頁〕参照

㈩　都市ガスについては，基準路線は既設の管から50メートル以内にあり，容易に引込みが可能であると認められるのに対して，評価路線は，既設の管から50メートルを超えており，容易には引込みができないと認められる。

そこで，裁決は，基準路線と評価路線との格差を比較し，舗装の状況，道路の系統・連続性，幅員，下水道・都市ガスの状況等を総合的に考慮すると，納税者の主張する価額が特定路線価として相当であると判断している（基準路線と評価路線との格差は図表－6の通り）。

このように，特定路線価の適否が争点となることがあるため，納税者においても，特定路線価の申出にあたって，または，設定された特定路線価について，道路の幅員や舗装の状況，こう配，上下水道・ガスの有無，通り抜けの可否等の条件を基に付された価額の適否を検証する必要がある。

4　本章のまとめ

相続税法における財産の評価は「時価」により行う。ただし，その具体的な評価方法が定められていないことから，時価とは何かが問題となる。

実務上，時価の算出は国税庁の評価基準（財産評価基本通達）により行われており，その国税庁の評価基準は，簡易な不動産鑑定と定型的補正とを組み合せた方式と評価され，個別に土地を評価するにあたってこれを不合理とする特別の事情がない限りにおいて，一般的合理性が認められている。

なお，評価実務にあたっては，その定型的補正に多くの種類があるため，減価要因の有無を評価対象地の状況に合わせて漏れなく確認しなければならない。

また，土地は個別性の強いものであり，画一的な評価基準ですべ

てを網羅できるわけではない。その一例が路線価の付されていない道路に接する土地の評価であり，路地状敷地として評価するのか，特定路線価を設定するのかで評価担当者の判断が介入することとなる。

　このような場合においては，まず複数の評価方法があることを認識し，次に，いずれの方法が適正か，一方の評価方法のどのような点が優れて採用するのか，又は，もう一方の評価方法のどのような点が劣るために採用しないのかを整理しておく必要がある*14。

---

*14　税務申告にあたって，税理士が財産評価を行う際，旧広大地や借地権，宅地化困難の市街地山林のように評価額が大きく乖離するポイントについては，あらかじめその内容について納税者に説明しておく必要がある。

第 2 章
無 道 路 地

1 無道路地の減価補正

(1) 無道路地とは

　本章では，無道路地の評価における主な論点について検討してみたい。

　無道路地とは，直接道路に接していない土地をいう。

　では，なぜ無道路地の減価を行うのか。それは道路に面した画地に比べると出入りなどその利用価値が低くなるのは言うまでもないが，何よりも道路に接していないと新たに建築物を建てることができないからである。建築物が建てられるか否かは土地の価値に大きな影響を与える。

　したがって，無道路地の評価にあたっては，どのようにしたら建築物を建てることができるようになるのかといった観点から減価を考える必要がある。

(2) 無道路地の評価方式

　無道路地を評価する方法としては，①その地域の無道路地の売買実例と比較する方法，②整形地との格差を経験的な数値で修正する方法，③費用性の観点から接道義務を充足するために必要な隣地

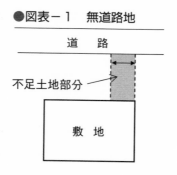

●図表－1　無道路地

道　　路

不足土地部分

敷　　地

（不足土地）を買収することを想定する方法などが考えられる。

　財産評価基本通達においては，③の隣地を買収して無道路地に最小限度の通路を設けることを想定し，その際に必要な通路開設費用を控除する方法（いわゆる不足土地控除方式，通路開設方式）を採用している（図表－1）[1]。

　このように取り扱う趣旨は，無道路地はその所有権の属性として民法における囲繞地通行権[2]を内蔵しているため，無道路地の評価に当たっては，囲繞地に通路が開設され袋地（旗竿状の画地）となったことを想定して，その通路開設費用相当額を控除することが最も現実的だからである[3]。

2　道路の定義

*1　無道路地の減価補正にあたっては，まず評価担当者が不足土地の地積（通路部分の地積）を算出する必要がある。そして，以下の算式のとおり，減価割合の計算にあてはめて評価を行う。
　　つまり，不足土地の地積をいかに導き出すかがポイントとなる。
（算式）

　　※「土地及び土地の上に存する権利の評価明細書」一部抜粋
*2　他の土地に囲まれて公道に通じない土地の所有者は，公道に至るため，その土地を囲んでいる他の土地を通行することができる（民210①）。これを囲繞地通行権という。なお，通行の場所及び方法は，囲繞地通行権を有する者のために必要であり，かつ，他の土地のために損害が最も少ないものを選ばなければならない（民211①）。
*3　平成21年6月26日裁決〔TAINS・F0－3－369〕，平成23年12月6日裁決〔裁決事例集85巻347頁〕，平成25年8月27日裁決〔TAINS・F0－3－366〕。
　　なお，隣接地の所有者との関係等から開設を想定する通路を路線価に基づく価格で取得できる保証がないことから，このような不確定要素を含む通路開設方式は不合理であるという指摘もある。これについては，相続税法に規定する時価は客観的交換価値であるため客観的に認められるものであり，隣地所有者との関係等は，個別的な事情で主観的な事情と認められることから考慮すべき事情に当たらないと解されている（平成18年6月30日裁決〔TAINS・F0－3－184〕）。

(1) 道路の種類

　前述のとおり，無道路地の減価は，道路に接する義務を満たしていないことによる利用の制限が要因となっている。

　そこで，まず最初に理解しておくべき点は「道路」とは何かということである。

　建築物を建てることができる「道路」とは，建築基準法で認められたものに限られる。ここでは，次のイ〜ホに該当する道路で，原則として幅員4m以上のものをいう[*4]。

イ　道路法による道路（国道，県道等。建基法42①一）

ロ　都市計画法及び土地区画整理法等による道路（開発道路。同法42①二）

ハ　建築基準法第3章の規定が適用されるに至った際現に存在する道（同法42①三）

ニ　道路法，都市計画法及び土地区画整理法等による新設又は変更の事業計画のある道路で，2年以内にその事業が執行される予定のものとして特定行政庁が指定したもの（同法42①四）

ホ　土地所有者等が新設し，特定行政庁からその位置の指定を受けたもの（位置指定道路。同法42①五）。

　なお，昭和25年に建築基準法の規定が適用される前からすでに建築物が立ち並んでいる幅員4m未満の道で，特定行政庁の指定したものは道路とみなされる（同法42②。いわゆる2項道路。将来建築物を建築しようとするとき，道路の中心線から原則として水平距離2mは建築物を建てることができずセットバックしなければならない）。

　これら以外の道は，建築基準法上の道路にあたらないことから，

[*4]　一般的なものは，幅員4m以上の国道や県道等（本文のイ），次に幅員4m未満の42条2項道路。そして，土地所有者が宅地分譲などで新設した位置指定道路（本文のホ）である。

これに接面していたとしても建築物を新たに建築することができない。

　したがって，宅地の評価にあたっては，その宅地及び道路が所在する市区町村の役所において，周辺の道が建築基準法上の道路であるか否か，道路であるとすれば道路の種類を確認しておく必要がある。

(2) 接 道 義 務

　そして，建築物を建築する場合には，建築基準法上の道路に間口が2m以上で接しなければならない（建基法43①）。いわゆる接道義務である。その場合の間口（幅員）は図表−2の「W」であり，路地状部分の長さに応じて，その土地の所在する自治体の条例で定められている*5。

　なお，所定の間口を満たしていないために必要な不足土地は，図表−3や図表−4における「不足土地部分」をいう。

---

*5　例えば，東京都や横浜市，京都市の場合は以下の通りである。
　　①東京都の場合（東京都建築安全条例3）

敷地の路地状部分の長さ	幅　員
20m以下のもの	2m
20mを超えるもの	3m

　　②横浜市の場合（横浜市建築安全条例4）

路地状部分の長さ	路地状部分の幅員
15m以下のもの	2m以上
15mを超え25m以下のもの	3m以上
25mを超えるもの	4m以上

　　③京都市の場合（京都市建築基準条例5）

路地状部分の長さ	路地状部分の幅員
20m以内のもの	2m
20mを超え35m以内のもの	$2+\dfrac{路地状部分の長さ-20}{15}$
35mを超えるもの	4m

●図表−2　路地状部分の長さと幅員

道路

敷　地

L：路地状部分の長さ
W：路地状部分の幅員

●図表−3　接道義務を満たさない幅員

道路

敷　地

1.8m
0.2m

不足土地部分

※接道義務が2mの場合

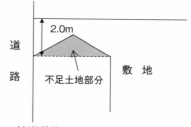

●図表−4　幅員が欠けているケース

道路

敷　地

2.0m

不足土地部分

※接道義務が2mの場合

3　無道路地の判定

(1)　評価上の区分により無道路地が生じる場合

　次に重要な論点が，評価対象地が無道路地にあたるか否かという点である。

　無道路地は，評価対象地と道路との間に他の土地（以下「前面宅地」という）があるため，接道義務を満たさず利用価値が低下していることから減価を行う。

　そうすると，接道義務を満たさないとしても利用価値の低下が認

められない場合には，評価上しんしゃくする必要がないということになる。

　例えば，前面宅地が自己所有である場合には，新たに道路を開設するための取得費用の負担がなく，いつでも道路を開設することが可能であるから，無道路地に該当しないことになる[6]。

● 図表－5　地目別評価

① 地目別評価により生じる無道路地

　まず，図表－5のように地目により評価単位が区分されるケースを確認しておきたい。

　㈤　被相続人・甲は，A土地及びB土地を所有している。
　㈨　A土地の現況地目は山林である。
　㈧　B土地の現況地目は宅地（居住用家屋の敷地）である。
　㈢　甲の死亡により，A土地及びB土地を相続人・乙が相続した。

　このような場合には，宅地と山林とでは地目が異なるため別個の評価単位となる（評価通達7）。

　なお，A土地の評価にあたっては，相続によりいずれも同一人が取得しており，また，前面宅地（B土地）が自己所有であるため土地の有効利用が阻害されることはなく，新たに道路を開設するための取得費用の負担もないことから，無道路地に該当しないと解される。

　平成21年3月2日裁決〔TAINS・F0－3－301〕においては，図表－6の本件甲土地の評価にあたって無道路地となるか否かが争われている。

　本件甲土地と本件乙土地は山林と宅地であるため別々の評価単位となるが，両方とも同一人が相続により取得したことから，本件甲

＊6　平成21年3月2日裁決〔TAINS・F0－3－301〕

●図表－6　土地の位置図

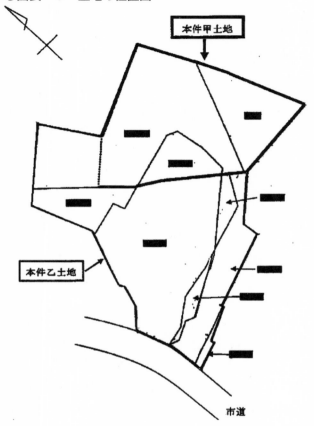

土地は，市道に接する本件乙土地を介して本件市道に接していることになり，建築物を建築するとした場合，本件市道に接面する本件乙土地を利用して，いつでも接道義務を満たすことは可能となる。

　したがって，本件甲土地については，接道義務を満たさないことによる利用の制限があるとは認められないものと判断されている。

②　権利関係から生じる無道路地1

　宅地は，自用地と貸宅地，自用地と貸家建付地が別々の評価単位になるなど，宅地の所有者による自由な土地利用を制約する他者の

権利があるか否かにより区分し，他者の権利がある場合には，その権利の種類や権利者の異なるごとに区分する。

　例えば図表－7のようなケースである。

　(イ)　被相続人・甲は，Ａ土地及びＢ土地を所有している。

　(ロ)　甲は，Ａ土地上に貸倉庫を建て，その倉庫を株式会社丙へ賃貸している。

　(ハ)　甲は，Ｂ土地を自らの居住用家屋の敷地として使用している。

　(ニ)　甲の死亡により，Ａ土地及びＢ土地を相続人・乙が相続した。

　このような場合，Ｂ土地は自用地であるが，Ａ土地は他人の権利（借家権）が存する土地となることから別々の評価単位となる。

　なお，Ａ土地の評価にあたっては，相続によりいずれも同一人が取得しており，Ａの土地を利用するためには，通常，Ｂの土地の一部に通路を設けることができることから，無道路地には該当しないことになる。

●図表－7　権利関係による区分

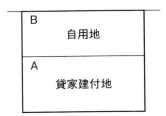

③　権利関係から生じる無道路地2

　また，貸家建付地を評価する場合において，貸家が数棟あるときには，それぞれ各棟の敷地ごとに1画地とする。

　例えば図表－8のようなケースである。

　(イ)　被相続人・甲は，Ａ土地及びＢ土地を所有している。

　(ロ)　甲は，Ａ土地上に建物を建て，この建物を乙へ賃貸している。

(ハ) 甲は，B土地上にも建物を建て，この建物を丙へ賃貸している。

(ニ) 甲の死亡により，A土地及びB土地を相続人・乙が相続した。

このような場合，A土地及びB土地には，ともに他人の権利（借家権）が存し，いずれも貸家建付地として利用しているが，借家権者が異なっていることから，それぞれを別個の評価単位とする。

その際，A土地は直接道路と接しない土地となるが，A土地は，単に相続税法上の評価にあたってB土地と評価単位を分けているに過ぎず，建築基準法上はB土地上に通路を開設することで接道義務の規制は適用されないものと考えられることから無道路地としての減額補正は行わないこととなる[*7]。

●図表－8　貸家建付地の評価

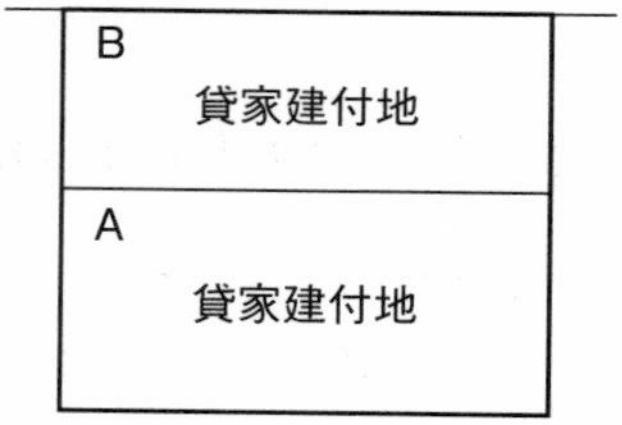

なお，図表－9のように借地権者・甲が2以上の者から隣接している土地を借りて一体利用しているような場合において，甲の借地権の評価に当たっては，A土地及びB土地を合わせて1画地として評価をするため無道路地にはあたらないが，乙の貸宅地の価額を

＊7　国税庁質疑応答事例「宅地の評価単位－自用地と自用地以外の宅地が連接している場合」参照
　なお，前面宅地が自用地であったり貸家建付地であったりする場合は無道路地の補正は行わないこととなるが，例えば，B土地が貸宅地でA土地が貸宅地，またB土地が貸宅地でA土地が貸家建付地であるなど，図表－8のB土地が借地権の設定された貸宅地である場合は，A土地の土地所有者のみの意向で通路を設けることができないため，A土地について無道路地の減価が行われると考えられる。

評価する場合には無道路地となる。

●図表－9　貸宅地の評価

(2)　取得後に同一人の所有となる場合

　相続により無道路地と前面宅地の所有者が同一になるような場合，無道路地の利用価値が低下していたと認められないことから，その評価にあたって減価補正を適用すべき場合にあたらないものとされている。

　例えば，図表－10のようなケースである。

　㋑　被相続人・甲は，A土地を所有している。

　㋺　道路とA土地の間には相続人・乙所有のB土地がある。

　㋩　A土地とB土地は一体利用されている。

　㋥　甲の死亡により，A土地を乙が相続した。

　このような場合，相続人・乙がA土地を相続により取得したため，相続開始の時においてはA土地とB土地の所有者が同一となる。

　また，A土地及びB土地は一体利用されているものであるため，B土地が存在することによって，A土地の利用価値及び価額が低下していたとは認められないことから，無道路地には当たらないこととなる*8。

＊8　昭和61年9月24日裁決〔裁決事例集32巻263頁〕参照

●図表－10　同一人所有となる土地

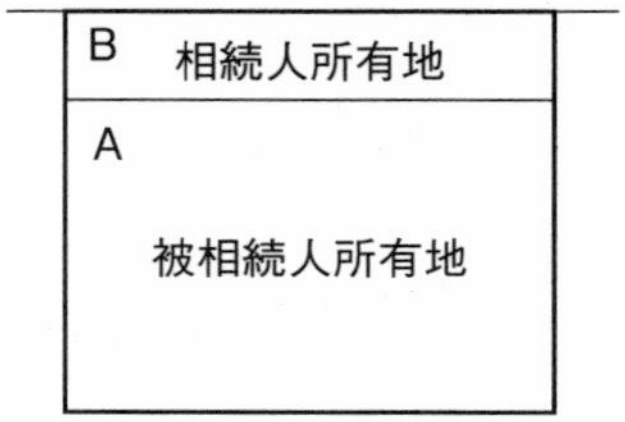

B	相続人所有地
A	
	被相続人所有地

(3)　小　　括

　無道路地としての減価を行うべきか否かは，無道路地として利用価値が劣っているかどうか，つまり，接道義務の規制が適用されるのか，新たに道路を開設するための取得費用の負担が必要かどうかといった点がポイントとなる。

　単に評価単位が分かれることにより無道路地が生じる場合や，評価対象地と前面宅地を自己が所有しているなど土地の所有者のみで建築が可能となるような場合にあっては減価は行わず，一方，他人の権利があることにより土地利用に制約がある場合には無道路地の減価を行うこととなる。

4　実際に利用している路線の判定

(1)　想定通路のとり方

　無道路地の価額は，「実際に利用している路線の路線価」に基づき，通路開設費用は，建築基準法その他の法令において規定されている接道義務に基づいた「最小限度の通路を開設する場合のその通路に相当する部分の価額」とされている（評価通達20－3）[9]。

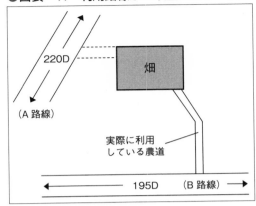

●図表−11　利用路線が2以上あるケース

220D

（A路線）

畑

実際に利用
している農道

195D　（B路線）

　そこで，無道路地が2以上の路線に通じる場合，「実際に利用されている路線」とはどのようなものをいうのであろうか。

　例えば，図表−11のように無道路地が2つの路線に通じる場合，実際に利用されている路線か，最短距離の路線か，実務上判断に迷うことがよくある。

　A路線は，最小限度の通路開設となるが他人の土地を通ることとなり，B路線は実際に利用している農道を経由しているが，通路開設に多くの地積を必要とする。

　ここでは，想定通路については，通路開設費用が「最小限度の通路」を開設する場合とされていることから，原則として，利用路線と評価対象地を結ぶ最も短い距離をとるものとされている*10。

(2)　争 訟 事 例

　ただし，以下の2つの裁決事例においては，道路との最短距離上

＊9　「その他の法令」には都市計画法に基づく開発指導要綱等も含まれることから，評価対象地（無道路地）の通路開設に際して開発指導要綱に従う必要があって例えば幅員を6m以上にしなければならないような場合には幅員を6mとして考え，すみ切り部分が必要となればすみ切り部分も不足土地の地積に含めることとなる。
＊10　平成18年5月8日裁決〔裁決事例集71巻533頁〕

に第三者の家屋が存在したり，擁壁が存在したりしていることにより，これらを含めて通路を開設するのは現実的でないことから，これらを回避して通路開設費用を算定するのが相当とされている。

　平成18年５月８日裁決〔裁決事例集71巻533頁〕において争点となった評価対象地（図表－12）は，農地で不整形な無道路地である。実際に利用している路線は里道を通じて西側にある道路であり，北側を除く三方には墓が存する。

　ここでは，評価対象地と利用路線との間に第三者の家屋が存する場合，当該家屋も含めて通路を開設するのは現実的でないことから，これを回避して通路開設費用の算定を行うものとされている。

●図表－12　本件土地の想定通路

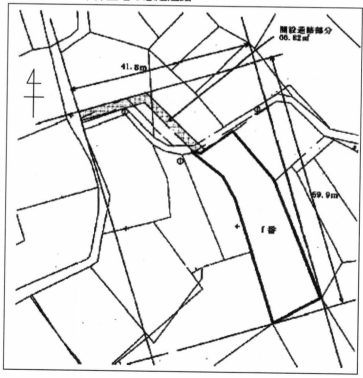

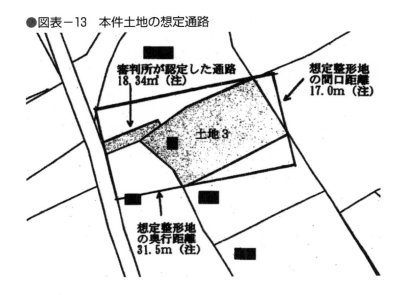

●図表－13　本件土地の想定通路

審判所が認定した通路
18.34㎡（注）

想定整形地
の間口距離
17.0m（注）

土地3

想定整形地
の奥行距離
31.5m（注）

　また，平成18年6月30日裁決〔TAINS・F0－3－184〕におい
て争点となった評価対象地（図表－13）は，公道へ出るために北側
の他人所有地の一部を通路として利用している無道路地である。西
側には，高さ約2mないし約3.2mの擁壁が存在する一方，北側土
地の通行の用に供している部分は，コンクリート舗装がされている
が建物等の堅固な構築物は存在しない。
　ここでは，囲繞地通行権により通行する場所及び方法について，
西側土地若しくは北側土地をそれぞれ通行する場所と想定した場合，
西側土地には擁壁が存在し擁壁の撤去費用等が見込まれるが，北側
土地は特に堅固な構築物も存在しないため，通路を北側土地に開設
した場合は，西側土地に開設した場合に比べると損害が少ないと認
められ，また，北側土地を実際の通路として利用していることから
すれば，囲繞地通行権により通行する場所は北側土地とするのが相
当であると判断されている。

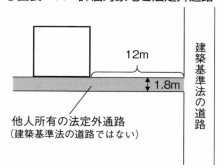

●図表－14　評価対象地と法定外通路

12m

1.8m

建築基準法の道路

他人所有の法定外通路
（建築基準法の道路ではない）

5　法定外通路に接面する場合

⑴　法定外通路に接面する場合の不足土地の地積の算定

　無道路地にあたるか否かは，建築基準法上の道路に接面しているか否かがポイントである。評価対象地が道に接続していたとしても，建築基準法に定める道路でなければ無道路地となる。

　例えば，図表－14のようなケースである。

　ここでは，他人が所有する幅員1.8mの通路に接している。そこで，接道義務を満たすために必要な幅員が2mであるとすると，すでに幅員1.8mの道に接しているため，不足土地の地積は2.4㎡（＝0.2m×12m）と判断しがちである。

　しかし，当該通路は他人の所有地であり，かつ，建築基準法に定める道路ではないため，評価対象地を評価する上でその存在は何の影響を及ぼすものではない。

　したがって，不足土地の地積は，接道義務に定める幅員24.0㎡（＝2.0m×12m）となることに留意する。

⑵　但書道路と無道路地補正

上記取扱いの例外として建築基準法43条の但し書きという論点がある＊11。

　建築物の敷地は，建築基準法上の道路に 2 m 以上の間口で接していなければならないが，その敷地の周囲に広い空き地を有する場合で，特定行政庁が交通上，安全上，防火上，衛生上支障がないと認めたものについては建築をすることができる（建基法43②二）。

　つまり，評価対象地が建築基準法上の道路に接面していなくても，その接している通路が43条 2 項 2 号の許可が受けられるものと認定される場合には無道路地に該当しないことになる。

　なお，実際には，この建築許可が下りるかどうかは，その都度，市区町村に建築の申請をしてみてはじめてわかるものであり，財産評価上それが43条 2 項 2 号にあたるか否かの判断が困難なものとなる。市区町村によっては，過去にその通路に但し書きの許可が下りたかどうかの履歴が残っているケースもあるため，役所でその点を確認する必要がある＊12。

6　実務上の問題提起

　最後に実務上の疑問点を指摘しておきたい。

　無道路地評価における「道路」は，建築基準法上の道路であるか否かである。

　一方，路線価が付される「路線」は「不特定多数の者の通行の用に供されている道路」であり，建築基準法上の道路か否か，さらには，公道であるか私道であるか，車両が通行できるか否かも問われ

＊11　従来，建築基準法43条の但し書きで定められていたことから，「但し書き道路」と呼ばれていたが，平成30年の建築基準法改正により，この条項は43条 2 項 2 号として新設されている。
＊12　横浜市の行政地図情報提供システム（https：//wwwm.city.yokohama.lg.jp/yokohama/Portal?mid=2）においては，一部，過去に但し書きの適用を受けたものについて赤色で示すなど，インターネット上で確認することができる。

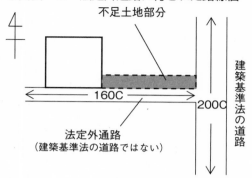

●図表-15　法定外通路に付された路線価

不足土地部分

160C

200C

建築基準法の道路

法定外通路
（建築基準法の道路ではない）

ない。

　したがって，建築基準法上の道路ではないものについても路線価が設定されるケースがある。

　例えば，図表-15の土地は，南側の路線に160,000円の路線価が付されている。一方，建築基準法上は無道路地ということになり，図中の「不足土地部分」を買収しなければ建築物を建てることはできない。

　この場合，財産評価基本通達においては160,000円の正面路線価を用いて整形地として評価することになるが，無道路地であることが反映されていないため過大評価となることが考えられる。

　この問題を解決するためには，(イ)そもそも路線価が付される路線を建築基準法上の道路に限定するというように取扱いを変更するか*13，(ロ)南側の路線価を適用せずに東側の路線価を適用して無道路地補正を行うといった対応が求められるであろう。

---

*13　特定路線価を申請できる道路は，建築基準法上の道路に限られる一方，通常の路線価は建築基準法上の道路であるか否かは問われないという矛盾がある。

7 本章のまとめ

　無道路地の評価にあたって，無道路地としての減価を行うかべきか否かは，宅地の利用価値が劣っているかどうか，つまり，接道義務の規制が適用されるのか，新たに道路を開設するための取得費用の負担が必要かどうかといった点に基づいて判断を行う。単に評価単位を分けることにより無道路地が生じる場合など，道路に接面していなくても補正を行わないケースもあり，一方で，外見上通路に接面していたとしても，それが他人の所有地であったり，建築基準法上の道路でなかったりすれば無道路地となるケースもある。

　また，無道路地補正の減価にあたっては，評価担当者が接道を満たすために必要な土地の地積を判定しなければならない。そこでは，どのように通路を設ければ評価対象地に建築が可能となるのかという観点から判断を行う。

　したがって，評価対象地が現地においてどのような利用がなされているのか，周辺の土地がどのようになっているのかといった現況調査や，周辺道路の種別を確認するための役所調査は漏れなく行う必要がある。

　なお，最後に，無道路地評価によって導き出される価額は，相続税法における「時価」であるため，評価基準により算出された価額が時価として適正かどうかを判断する必要がある。

第 3 章
不 整 形 地

1　不整形地の補正

(1)　減価の理由

　本章では，不整形地であることの補正について解説する。

　土地の評価において適用される路線価は，標準的な間口距離及び奥行距離を有する宅地を基準として設定されている。その「標準的な間口距離及び奥行距離」とは，奥行価格補正率及び間口狭小補正率がいずれも1.00であり，かつ，奥行長大補正率の適用を要しない正方形又は長方形の宅地が前提となっている。

　これに対し，評価対象地が不整形地である場合は，画地の全部が宅地としての機能を十分に発揮できないため，整形地に比べて利用価値が低くなる。

　したがって，不整形地の評価にあたっては，標準的な整形地を前提とした路線価を不整形の程度に応じて補正した上で，その価額を評価する。

(2)　評価の方式

　不整形地補正の手順は2段階に分かれる*1。

　まず，第1段階として，不整形地の形状などにより，次の(イ)～(ニ)の4類型のうちいずれか有利な方法により，奥行価格補正後の1㎡当たりの価額（図表－1の記号 **A**）を求める（評価通達20）。

＊1　不整形地の価額は，①「次の(1)から(4)までのいずれかの方法により15《奥行価格補正》から18《三方又は四方路線影響加算》までの定めによって計算した価額」に，②「その不整形の程度，位置及び地積の大小に応じ，不整形地補正率を乗じて計算した価額」により評価する（評価通達20）。
　　(1)　不整形地を区分して求めた整形地を基として計算する方法
　　(2)　計算上の奥行距離を基として求めた整形地により計算する方法
　　(3)　近似整形地を基として計算する方法
　　(4)　差引計算法による価額を基として計算する方法

㈣　計算上の奥行距離を基として評価する方法

㈻　差引計算法により評価する方法

㈼　区分した整形地を基として評価する方法

㈽　近似整形地を基として評価する方法

そして，第2段階として，不整形地補正率適用前の1㎡当たりの価額に，不整形地補正率を乗じて減価を行う。その不整形地補正率は，㈣不整形の程度，位置及び地積の大小に応じて図表－2の地区区分表に掲げる地積区分A，B，Cを求め，㈻その地積区分と地区区分，かげ地割合に応じて算出する（図表－3）。

なお，かげ地割合は，次の算式により計算した割合による（後述の図表－9参照）。

（算式）

$$「かげ地割合」＝\frac{想定整形地の地積－不整形地の地積}{想定整形地の地積}$$

2　第1段階の4つの類型

(1)　計算上の奥行距離を基として評価する方法

図表－1「土地及び土地の上に存する権利の評価明細書」のうち奥行価格補正後の1㎡当たりの評価額（記号A）を求める方法として，最も一般的な方法が，土地の奥行距離に応じた奥行価格補正を行う方法である（評価通達20(2)）。

奥行価格補正率は，土地の奥行距離によるのであるが，奥行距離とは，原則として正面路線価に対して垂直な奥行をいう（図表－4のA）。

ただし，奥行距離が一様でない宅地は，その不整形地の面積をその間口距離で除して得た数値（平均的な奥行距離。図表－5のB）と想定整形地の奥行距離のいずれか小さい方とする*2。

●図表－1　土地の評価明細書

土地及び土地の上に存する権利の評価明細書（第１表）　局(所)　署　年分　ページ

(住居表示)　(　　)
所在地番
所有者　住所(所在地)　氏名(法人名)
使用者　住所(所在地)　氏名(法人名)

地目：宅地　山林　田　雑種地　畑（　）
地積：㎡
路線価：正面　円　側方　円　側方　円　裏面　円
地形図及び参考事項

間口距離　m　奥行距離　m
利用区分：自用地　貸宅地　貸家建付地　借地権　私道　貸家建付借地権　転貸借地権（　）
地区区分：ビル街地区　高度商業地区　繁華街地区　普通商業・併用住宅地区　普通住宅地区　中小工場地区　大工場地区

（平成三十一年一月分以降用）

自用
1　一路線に面する宅地
（正面路線価）　（奥行価格補正率）
円 ×　.
（1㎡当たりの価額）円　A

2　二路線に面する宅地
（A）　［側方・裏面 路線価］　（奥行価格補正率）　［側方・二方 路線影響加算率］
円 ＋（　円 ×　.　×　0.　）
（1㎡当たりの価額）円　B

3　三路線に面する宅地
（1㎡当たりの価額）円

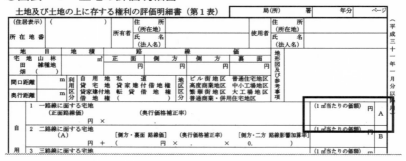

●図表－2　不整形地補正率を算定する際の地積区分表

地区区分＼地積区分	A	B	C
高度商業	1,000㎡未満	1,000㎡以上 1,500㎡未満	1,500㎡以上
繁華街	450㎡未満	450㎡以上 700㎡未満	700㎡以上
普通商業・併用住宅	650㎡未満	650㎡以上 1,000㎡未満	1,000㎡以上
普通住宅	500㎡未満	500㎡以上 750㎡未満	750㎡以上
中小工場	3,500㎡未満	3,500㎡以上 5,000㎡未満	5,000㎡以上

例えば，図表－5の設例においては，評価対象地の地積が400㎡，間口が20mであるため，平均的な奥行距離は20m（400㎡÷20m）となる*3。

そして，奥行距離20mに対する奥行価格補正率（1.00）を乗じて１㎡当たりの価額を100,000円と算出する。

地積		間口距離		計算上の奥行距離	想定整形地の奥行距離
400㎡	÷	20m	＝	20m	（<25m）

路線価		奥行距離20mの場合の奥行価格補正率		１平方メートル当たりの価額
100,000円	×	1.00	＝	100,000円

●図表－3　不整形地補正率表

地区区分／地積区分／かげ地割合	高度商業、繁華街、普通商業・併用住宅、中小工場			普　通　住　宅		
	A	B	C	A	B	C
10%以上	0.99	0.99	1.00	0.98	0.99	0.99
15% 〃	0.98	0.99	0.99	0.96	0.98	0.99
20% 〃	0.97	0.98	0.99	0.94	0.97	0.98
25% 〃	0.96	0.98	0.99	0.92	0.95	0.97
30% 〃	0.94	0.97	0.98	0.90	0.93	0.96
35% 〃	0.92	0.95	0.98	0.88	0.91	0.94
40% 〃	0.90	0.93	0.97	0.85	0.88	0.92
45% 〃	0.87	0.91	0.95	0.82	0.85	0.90
50% 〃	0.84	0.89	0.93	0.79	0.82	0.87
55% 〃	0.80	0.87	0.90	0.75	0.78	0.83
60% 〃	0.76	0.84	0.86	0.70	0.73	0.78
65% 〃	0.70	0.75	0.80	0.60	0.65	0.70

（注）1　不整形地の地区区分に応ずる地積区分は，図表－2「地積区分表」による。

　　　2　間口狭小補正率の適用がある場合においては，この表により求めた不整形地補正率に間口狭小補正率を乗じて得た数値を不整形地補正率とする。ただし，その最小値はこの表に定める不整形地補正率の最小値（0.60）とする。

　　　　　また，奥行長大補正率の適用がある場合においては，選択により，不整形地補正率を適用せず，間口狭小補正率に奥行長大補正率を乗じて得た数値によって差し支えない。

　　　3　大工場地区にある不整形地については，原則として不整形地補正を行わないが，地積がおおむね9,000㎡程度までのものについては，図表－2「地積区分表」及びこの表に掲げる中小工場地区の区分により不整形地としての補正を行って差し支えない。

＊2　国税庁質疑応答事例「不整形地の奥行距離の求め方」参照
＊3　国税庁質疑応答事例「不整形地の評価―計算上の奥行距離を基として評価する場合」参照

●図表－4　奥行距離

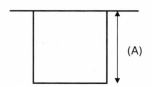

●図表－5　平均的な奥行距離

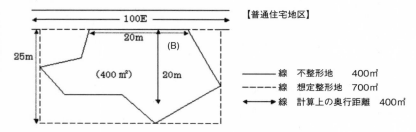

【普通住宅地区】

─── 線　不整形地　　　400㎡
----- 線　想定整形地　　700㎡
◄──► 線　計算上の奥行距離　400㎡

⑵　近似整形地を基として評価する方法

　第二に，近似整形地を基として評価する方法である。

　図表－6のように，不整形地に近似する整形地（近似整形地）を求め，その設定した近似整形地を基として奥行価格補正後の1㎡当たりの価額を算出する（評価通達20⑶）。

●図表－6　近似整形地

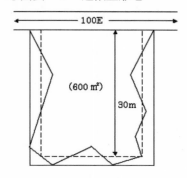

【普通住宅地区】

─── 線　不整形地　　　600㎡
─── 線　想定整形地　　750㎡
----- 線　近似整形地
◄──► 線　近似整形地の奥行距離

なお，近似整形地は，近似整形地からはみ出す不整形地の部分の地積と近似整形地に含まれる不整形地以外の部分の地積がおおむね等しく，かつ，その合計地積ができるだけ小さくなるように求める。

例えば，図表－6の設例においては，近似整形地の奥行距離は30mとなり，奥行価格補正後の1㎡当たりの価額は下記の算式のとおり95,000円となる*4。

（算式）

路線価　　　奥行距離30mの場合
　　　　　の奥行価格補正率
100,000円×　　0.95　　=95,000円

(3) 差引き計算による方法

第三に，差引計算法により評価する方法である（評価通達20(4)）。

図表－7のような路地状（旗状）敷地を評価する場合，まず，近似整形地（①）を求め，隣接する整形地（②）と合わせて全体の整形地の価額の計算をし，隣接する整形地（②）の価額を差し引いて奥行価格補正後の1㎡当たりの価額を算出する。

具体的には，図表－7の設例においては，近似整形地（①）と隣接する整形地（②）を合わせた全体の整形地の奥行距離は30mとなり，奥行価格補正後の価額は57,000,000円となる*5。

路線価　　　奥行距離30mの場合　　①+②の地積
　　　　　の奥行価格補正率
100,000円×　　0.95　　×　600㎡　=57,000,000円

次に，隣接する整形地（②）の価額を算出する。隣接する整形地の奥行距離は15mであり，奥行価格補正後の価額は15,000,000円となる。

＊4　国税庁質疑応答事例「不整形地の評価－近似整形地を基として評価する場合」参照
＊5　国税庁質疑応答事例「不整形地の評価－差引き計算により評価する場合」参照

　そして，全体の整形地の価額から隣接する整形地（②）の価額を控除して求めた近似整形地（①）の価額は42,000,000円となる。

　　　　　①＋②　　　　　　②　　　　　　近似整形地
　　　　　　　　　　　　　　　　　　　　　（①）の価額
　57,000,000円－15,000,000円＝42,000,000円

　最後に，近似整形地の評価額を地積で除して，奥行価格補正後の１㎡当たりの価額93,333円を算出する。

　近似整形地（①）
　の評価額　　　　　①の地積
　42,000,000円÷450㎡ ＝93,333円

　この場合，平均的な奥行距離（30m）による奥行価格補正後の価額が95,000円であるのに対し，差引計算法によると93,333円になるため，これによることが有利な方法となる。

●図表－7　差引計算法

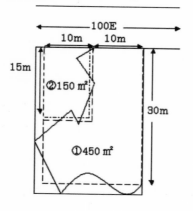

【普通住宅地区】

―――――　線　不整形地　　　　450㎡
- - - - - 　線　近似整形地　　　450㎡
-・-・-・- 　線　隣接する整形地　150㎡
―――――　線　想定整形地　　　700㎡

（路線価は千円単位）

⑷　区分した整形地を基として評価する方法

　実務上稀にあるのが，区分した整形地を基として評価する方法である。

　図表－8のように，評価対象地がいくつかの整形地に区分できる場合，それぞれ区分した整形地を基として奥行価格補正後の1㎡当たりの価額を算出する（評価通達20⑴）。

　例えば，図表－8の設例においては，評価対象地を甲土地，乙土地，丙土地といった3つの整形地に区分できるため，個々にそれぞれの奥行に対応する奥行価格補正を行って計算する*6。

甲土地　100,000円×（奥行距離25mの場合の奥行価格補正率）0.97　×（地積）75㎡ ＝7,275,000円

乙土地　100,000円×（奥行距離15mの場合の奥行価格補正率）1.00　×（地積）45㎡ ＝4,500,000円

丙土地　100,000円×（奥行距離20mの場合の奥行価格補正率）1.00　×（地積）80㎡ ＝6,000,000円

　そして，これら3つの価額を合計する。

（甲土地）7,275,000円＋（乙土地）4,500,000円＋（丙土地）6,000,000円＝17,775,000円

　最後に，上記の区分整形地を合計した価額を地積で除して，奥行価格補正後の1㎡当たりの価額98,750円を算出する。

（甲＋乙＋丙）17,775,000円÷（不整形地の地積）180㎡ ＝98,750円

　この場合，平均的な奥行距離（20m）によると奥行価格補正後の

＊6　国税庁質疑応答事例「不整形地の評価―区分した整形地を基として評価する場合」参照

●図表－8　区分した整形地

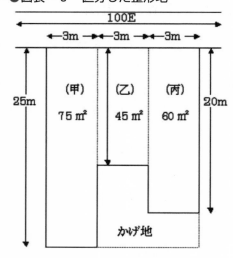

不整形地　　　180㎡

想定整形地　225㎡

【普通住宅地区】

価額が100,000円であるのに対し，区分した整形地を基として評価する方法によると98,750円になるため，これによることが有利な方法となる*7。

3　第2段階による不整形地補正

　次に，2で求めた奥行価格補正後の1㎡当たりの価額に，かげ地割合による不整形地補正を行う。

　不整形地補正は，(イ)その不整形の程度，位置及び地積の大小に応じて図表－2の地区区分表に掲げる地積区分A，B，Cを求め，(ロ)その地積区分と地区区分，かげ地割合を算定して不整形地補正率を求める（図表－3）。

　このようなかげ地割合による不整形地補正は，専門的な不整形地の評価上勘案すべき不整形の程度，位置及び地積の大小の各要素を

---

*7　区分した整形地を基として評価する方法により奥行価格補正後の1㎡当たりの価額を算出した上で，次にかげ地割合による不整形地補正を行う。

●図表－9　かげ地割合

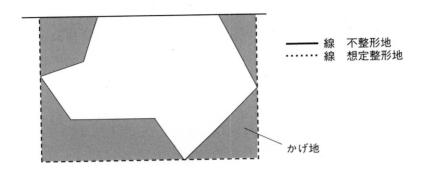

―――　線　不整形地
‥‥‥‥　線　想定整形地

かげ地

織り込み，不整形地補正率を画一的，統一的に算定するための指針として恣意性を排除し，納税者間の課税の公平，評価方法の簡素化を図るために公表されている[8]。

　そして，この評価方法は，評価対象地の画地全域を囲む，正面路線に面する長方形又は正方形の土地の地積を算出し，想定整形地の地積と評価対象地の地積の差が想定整形地の地積に占める割合（かげ地割合）を算出し，これを評価の対象となる不整形地の地区及び地積に応じた不整形地補正率表にあてはめて補正率を算出するものであり，合理性を有するものと解されている[9]。

　また，数値の決定要素がかげ地の面積割合のみであり，かげ地部分がその土地全体のどの部位に位置しているかが全く考慮されない点については，かげ地部分の位置が減価割合に与える影響を類型化することが容易であるとも認められないから不合理であるとはいえないとされている[10]。

＊8　仙台地裁平成17年3月24日判決〔税務訴訟資料255号順号9971〕
＊9　東京地裁平成12年2月16日判決〔税務訴訟資料246号679頁〕
＊10　東京地裁平成12年2月16日判決〔税務訴訟資料246号679頁〕

4 不整形地としての評価を行わない場合

ただし，評価対象地が整形地でないとしても不整形地補正を行わないケースがある。

例えば，図表－10のような帯状部分（乙部分）を有する宅地は，原則として，帯状部分（乙）とその他部分（甲）に分けて2つの整形地として評価を行い，不整形地として取り扱わないことに注意が必要である*11。

このような帯状部分を有する土地においては，甲土地と乙土地を区分して評価した場合，甲土地の価額は20,000,000円，乙土地の価額は900,000円となり，合計は20,900,000円となる。

1 甲土地の評価額

路線価 奥行価格補正率 地積
100,000円× 1.00 ×200㎡＝20,000,000円

2 乙土地の評価額

路線価 奥行価格補正率 地積
100,000円× 0.90 ×10㎡＝900,000円

3 評価額

甲土地の評価額 乙土地の評価額
20,000,000円＋ 900,000円 ＝20,900,000円

一方，一つの不整形地として評価した場合には，下記の算式のとおり不整形地補正率が0.82となり，評価額は17,138,000円となる。

（甲＋乙）土地の評価額 不整形地補正率 甲土地のみの評価額
20,900,000円 × 0.82 ＝17,138,000円＜ 20,000,000円

---

*11 国税庁質疑応答事例「不整形地の評価——不整形地としての評価を行わない場合①」参照

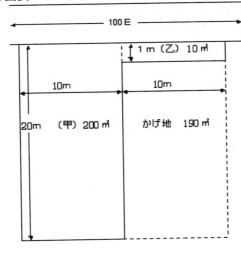

●図表－10　帯状部分を有する不整形地

【普通住宅地区】

評価対象地　210㎡
想定整形地　400㎡

不整形地補正率0.82（普通住宅地区　地積区分A　かげ地割合47.5%）

$$
かげ地割合 = \frac{\overset{想定整形地}{の地積} 400m^2 - \overset{不整形地の}{地積} 210m^2}{\underset{想定整形地の地積}{400m^2}} = 47.5\%
$$

　つまり，一つの不整形地として評価した場合には17,138,000円となるのに対し，帯状部分とその他部分に区分して評価した場合には合計20,900,000円となり，区分して評価した方が価額が高いこととなる。そのような実態に合わせて，区分して評価することが合理的ということになる。

　したがって，同様のケースにおいて，帯状部分を分けて評価するか，一体の不整形地として評価するか判断に迷う場合には，土地を一体で評価するより，区分して評価した方が価値が高くなるのであれば，2つの整形地として評価するということになる。

5　想定整形地の取り方

(1)　想定整形地の取り方

① 取　扱　い

最後に，不整形地補正において最も重要なポイントである想定整形地の取り方について確認しておきたい。

不整形地補正を行うための想定整形地は，正面路線と評価対象地の位置関係や同対象地の形状によっては，複数生じ得ることとなる。想定整形地をどのように取るかによって，かげ地割合が異なり，さらには不整形地補正率が異なってくる。

その想定整形地は，(イ)路線に接する土地の両端を結ぶ直線からの垂線により，(ロ)評価対象地の全域を囲むく形（長方形）又は正方形のうち最も面積の小さいものとされている[*12]。

あくまでも路線に接する両端を結ぶ直線からの垂線のうち想定整形地が小さいものである。例えば，図表－11のような不整形地においては，左の想定整形地は，路線に接する両端を結ぶ直線からの垂線となっておらず，想定整形地が比較的大きくなるとしても右の想定整形地が正しい取り方となる。

●図表－11　正面路線に対する想定整形地

誤ったケース	正しいケース
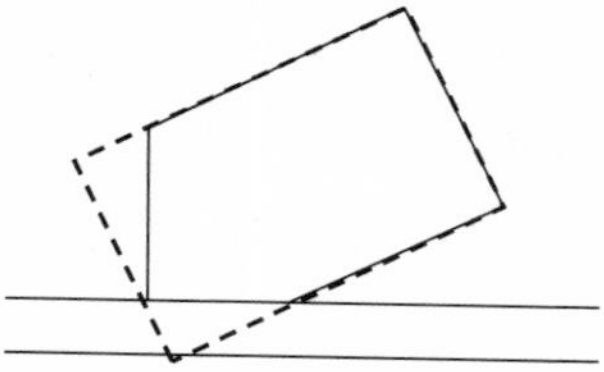	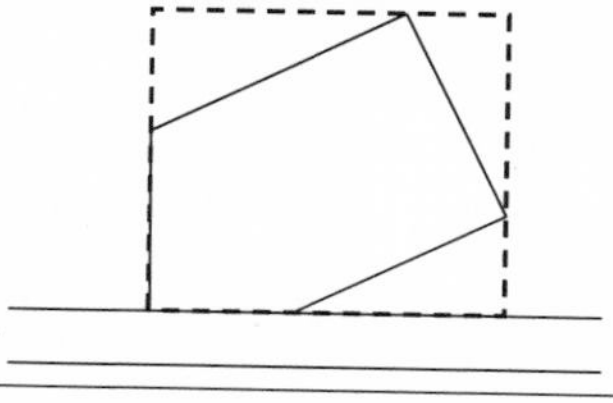

＊12　国税庁質疑応答事例「屈折路に面する不整形地の想定整形地のとり方」

② 争 訟 事 例

平成24年10月10日裁決〔裁決事例集89巻344頁〕は，想定整形地の取り方が争点となった事例である。

評価対象地（本件D土地）は，西側で公道f号線に約5.8m，南側でe線に約3.2m接面する，地積6.37㎡の三角形の土地である。

原処分庁は，評価対象地の路線に接する両端を結ぶ直線によって，土地の全域を囲む図表－12のとおりのく形を想定整形地とし，不整形地補正率を0.84とした。

これに対し審査請求人は，西側の路線（公道f線）からの垂線によって土地を囲むく形を想定整形地とし，不整形地補正率を0.70とした。

裁決は，想定整形地とは，評価対象地の画地全域を囲む，正面路線に面する最小面積のく形となっているものをいうことからすると，審査請求人の主張する想定整形地の取り方に不合理な点は認められないが，他方，原処分庁の主張する方法による想定整形地は，正面路線に面したく形ではないことから，財産評価基本通達20に定める

●図表－12　原処分庁の想定した整形地（左）と審査請求人の想定した整形地（右）

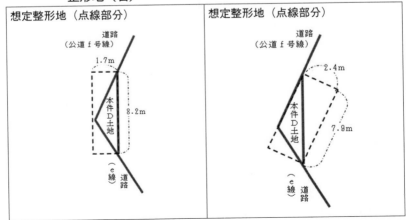

想定整形地そのものには当たらず，審査請求人が主張する方法によるべきであると判断している。

(2) 複数の路線に面している宅地の評価

　2つ以上の路線に面している宅地の場合，原則として，それぞれ接する路線価に奥行価格補正率を乗じて計算した価額の高い方の路線を正面路線とする（評価通達16）。

　図表－13のような2つの路線に面しているケースにおいて，仮に正面路線をb路線とする。この場合，想定整形地の取り方としては，b路線（正面路線）に接する宅地の両端を結ぶ直線から垂線によることとなるため，図表－13の右のような想定整形地となる。

　なお，路線価と奥行価格補正率が同じ場合については，間口の広い方が正面路線価となる[*13]。

　図表－14の土地は，路線価が同じであり，各路線価に奥行価格補正率を乗じて計算した金額がそれぞれ同じ価額であるとすると，正面路線は，間口の広いb路線となる（間口距離A＜B）。図表－14の左の想定整形地においては最小面積となるが，正面路線からみて垂線とならないために誤りとなる。

●図表－13　複数の路線に接する不整形地①

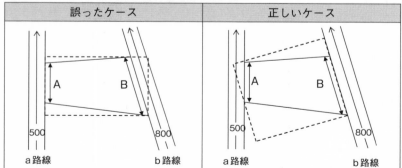

*13　飯田隆一編『土地評価の実務（令和2年版）』（大蔵財務協会，2020年）95頁

●図表－14　複数の路線に接する不整形地②

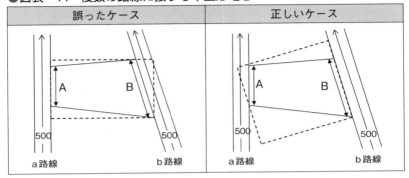

(3) 屈折路に面する不整形地の想定整形地の取り方

　屈折路に面する不整形地における想定整形地は，いずれかの路線に接する宅地の両端を結ぶ直線からの垂線によって，評価対象地の全域を囲む長方形又は正方形のうち，最も面積の小さいものを想定整形地とする。

　例えば，屈折路に内接する図表－15のような場合には，路線に接する宅地の両端を結ぶ直線によって評価対象地の全体を囲む長方形のうち最も面積の小さいもの，すなわち右の想定整形地となる[14]。

●図表－15　屈折路に内接する宅地

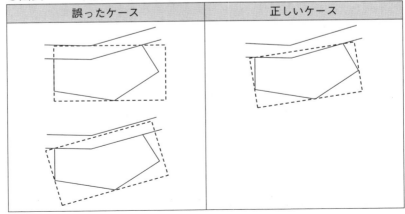

●図表－16　屈折路に外接する宅地

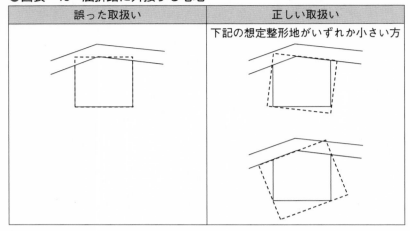

誤った取扱い	正しい取扱い
	下記の想定整形地がいずれか小さい方

　また，屈折路に外接する図表－16のような場合においても，路線に接する両端を結ぶ直線によって評価対象地の全体を囲む長方形のうち最も面積の小さいもの，すなわち右の想定整形地となる。

6　本章のまとめ

　不整形地補正は，2つの手順があり，まずは，(イ)計算上の奥行距離を基として評価する方法，(ロ)差引計算法により評価する方法，(ハ)区分した整形地を基として評価する方法，(ニ)近似整形地を基として評価する方法の4つのうちいずれか有利な方法により，奥行価格補正後の1㎡当たりの価額を算出する。

　一般的には，計算上の奥行距離を基として評価する方法を用いることとなるが，土地の形状によっては，その他の方法を適用した方が価額が低くなることもあるため，土地の評価にあたっては4類型の適否を漏れなく確認する必要がある。

---

*14　国税庁質疑応答事例「屈折路に面する不整形地の想定整形地のとり方」参照

また，かげ地割合の算定に際しては，評価担当者が想定整形地を作成することになる。想定整形地は，㈤路線に接する土地の両端を結ぶ直線からの垂線により，㈹評価対象地の全域を囲む長方形又は正方形のうち，最も面積の小さいものを選択する。単に評価対象地の全域を囲む長方形又は正方形ではなく，あくまでも路線に接する両端を結ぶ直線からの垂線によることが前提となるため留意する。

　正面路線と評価対象地の位置関係や同対象地の形状によっては，複数生じ得ることとなり，その判断が困難となるケースもある。想定整形地をどのように取るかによって，かげ地割合が異なってくるため慎重な判断が求められる。

第4章
行 政 法 規

1 土地の評価と行政法規

　不動産の評価を行うためには不動産に関する法律（行政法規）の知識が必要となる。

　基本となるのは建築基準法や都市計画法であるが，その他，土地区画整理法や都市再開発法，農地法や生産緑地法，森林法，河川法，土壌汚染対策法，文化財保護法なども必要となる場面がある。

　ただし，行政法規において毎回確認すべき点は主に次の3点である。

(1)　容積率の確認

　　評価対象地において2つ以上の容積率が混在するか。

(2)　セットバックの有無

　　接面する道路の幅員が4メートル以上あるか。

(3)　都市計画道路の有無

　　評価対象地の全部又は一部に都市計画道路の予定があるか。

　まずは，これらの評価に必要な都市計画法と建築基準法について確認しておきたい。

2 都市計画法と建築基準法

(1)　都市計画法

① 　市街化区域と市街化調整区域

　昭和43年に制定された都市計画法は，無秩序な市街化を防止し，計画的な市街化を図るための法律である。日本国土を市街化区域と市街化調整区域に区分し，前者では優先的かつ計画的に市街化を図り，後者では，市街化の抑制を図っている（図表－1）。

　市街化区域は優先的に市街化が図られる地域であるから，基本的

●図表－1　都市計画による区域区分

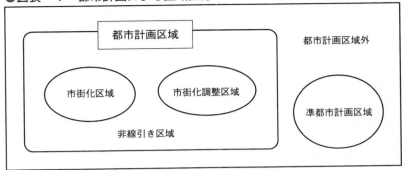

に建築物を建てることができる。そのため，市街化区域にある土地は宅地としての価格を基準として考える。

それは，たとえ現況が農地や山林であったとしても，土地の売買に当たっては近隣の宅地の価額の影響を強く受けることから，原則として，これらの農地や山林が宅地であるとした場合の価額から宅地造成費を控除して評価を行う（いわゆる宅地比準方式）。

これに対し，市街化調整区域は原則として建築物を建てることはできない地域である[1]。そのため，宅地は宅地として，農地は農地として評価することとなり，市街化区域と比べて土地の価格は低くなる。

なお，未だ区域区分が定められていない区域は非線引区域といい，建築の可否はその地域によって個別に異なっている。

②　用途地域

さらに市街化区域（又は非線引き区域の一部）においては，土地の適正な利用を図るため，その目標に応じて地域を13種類に区分している。これを用途地域という。

用途地域は，住居系や商業系，工業系としてエリアを区分し，そ

---

[1]　現状，市街化調整区域であっても市街化区域並みに住宅が建っている地域もある。これは，都市計画法が定められる以前から宅地であった場合（既存宅地）や，農家の分家住宅，条例により建築が認められている戸建連たん地域であることによる。

のエリアに沿った土地利用が図られている*²。例えば，低層住居専用の地域では建築物の高さは10mまでとか，第一種住居地域ではコンビニを建てることができるが，カラオケボックスは建てることができない，工業専用地域では工場は建てることができるが，住宅，商店，学校，病院などは建てることができないといったようになる。

これらの用途地域は，市区町村における「都市計画図」において確認することができる*³。

(2) 建築基準法

昭和25年に制定された建築基準法は，国民の生命・健康・財産の保護のため，建築物を建てる際の敷地・設備・構造・用途についての基準を定めた法律である。

建築物の建築には用途や建ぺい率，容積率，構造等の様々な制限があり，これらが遵守されているかどうかを建築主事等が確認している（建築確認）。

例えば，建築物を建築する場合には建築基準法の定める道路に間口が2m以上で接しなければならないこと（建基法43①）*⁴や，敷地面積に対する建築面積の割合（建ぺい率）及び延べ床面積の割合（容積率）の制限などを定めている。

(3) 建ぺい率と容積率

＊2 住居系として①第一種低層住居専用地域，②第二種低層住居専用地域，③第一種中高層住居専用地域，④第二種中高層住居専用地域，⑤第一種住居地域，⑥第二種住居地域，⑦準住居地域，⑧田園住居地域，商業系として⑨近隣商業地域，⑩商業地域，工業系として⑪準工業地域，⑫工業地域，⑬工業専用地域がある（都計法9①〜⑬）。

　用途地域は，市街化区域において定められているが，市街化調整区域においては原則として定められていない。非線引き区域においては必要に応じて定められている。
＊3 都市計画図は，市区町村のホームページよりインターネットで確認できる自治体もある。
＊4 接道義務については第2章2(2)参照

① 建ぺい率

　「建ぺい率」は，敷地面積に対して真上から見た建築面積の割合のことをいう（建基法53）。建築物の日照，採光，通風を十分に確保し，また，延焼を防ぐために設けられている。

　例えば，建ぺい率80％の地域においては，土地の地積が100㎡である場合，原則として80㎡までの範囲にしか建物を建てることができない（図表－2）*5。

② 容積率

　次に「容積率」である。容積率は，下記の算式のとおり，敷地面積に対する建築物の延べ面積の割合のことをいう（建基法52）。

（算式）

$$容積率 = \frac{建築物の延べ床面積}{敷地面積}$$

　例えば，容積率200％の地域においては，土地の面積の200％（2倍）まで建物を建てることができる（図表－3）。建築物の延べ面積の敷地面積に対する割合であるため，容積率がより多い方が大きな建物を建てることができ，土地の価値は高くなる*6。

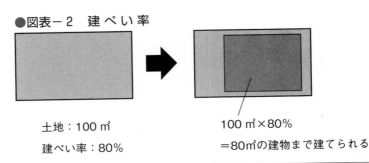

●図表－2　建ぺい率

土地：100 ㎡
建ぺい率：80％

100 ㎡×80％
＝80㎡の建物まで建てられる

＊5　市街地には，建ぺい率が（仮に）80％とされていながら敷地全体に建築物が建てられているケースが見受けられる。これは，建築基準法において，例えば角地であれば建ぺい率が10％加算されたり（建基法53③二），防火地域の耐火建築物であれば同じく10％加算されたりすることによる（同法53③一）。

＊6　容積率は，都市計画道路予定地の評価や容積率の異なる2以上の地域にわたる宅地の評価，地積規模の大きな宅地の評価に影響を与える。

●図表－3　容　積　率

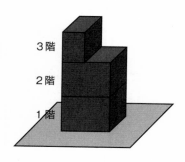

100㎡の敷地で建ぺい率80%，容積率200%だと

1階 80 ㎡（100 ㎡×80%）
2階 80 ㎡（100 ㎡×80%）
3階 40 ㎡（200 ㎡－160 ㎡）

の家が建てられる。

③　指定容積率と基準容積率

　なお，容積率には，(イ)都市計画で指定された「指定容積率」と(ロ)道路の幅員による「基準容積率」の２種類がある。

　指定容積率（建基法52①）は，用途地域別に50%～1300%の範囲で定められており，都市計画図で確認することができる。

　基準容積率（建基法52②）は，前面道路の幅員により制限された容積率である。前面道路の幅員が12m未満である建築物の容積率は，その前面道路の幅員に図表－4の数値を乗じたものが容積率となる。

　例えば，第1種中高層住居専用地域で，道路幅員が6mの場合，6 m×4 /10＝24/10（240%）となる。

　実際の建築で適用される容積率は，指定容積率と基準容積率のう

●図表－4　基準容積率

建築物のある地域	前面道路の幅員のメートル数値に乗ずべき数値
第1種・第2種低層住居専用地域	4 /10
第1種・第2種中高層住居専用地域 第1種・第2種住居地域，準住居地域	4 /10 （特定行政庁が指定する区域では 6 /10）
その他の地域	6 /10 （特定行政庁が指定する区域では 4 /10又は8 /10）

ちいずれか小さい方となる。例えば指定容積率が300％であっても基準容積率が240％であれば，その土地において適用される容積率は240％である。

3 容積率の異なる地域にわたる宅地の評価

(1) 容積率の異なる地域にわたる宅地の評価

① 減価の理由

　さて，これら都市計画法及び建築基準法にかかわる冒頭に述べた3つの減価要因について確認しておきたい。

　まずは，容積率の異なる地域にわたる宅地の評価である。

　1つの土地に異なる容積率が混在するケースがある。そのような2つの地域にまたがっており，それぞれの容積率が異なるときには，建築基準法においては，各地域の面積によって按分計算を行うことになり，高い容積率を敷地全体に適用することができない[*7]。

　しかし，路線価方式において，正面路線に面する地域の容積率を反映した路線価を基に評価を行うと，裏面に面する地域の容積率が反映されないことになる。

　そこで，容積率の異なる2以上の地域にわたる1画地の宅地については，次の算式により計算した割合を控除して減価補正を行う（評価通達20－7）。

＊7　後述図表－6の例によれば，全体の地積が600㎡，容積率300％の地積が400㎡，同200％の地積が200㎡である。按分すると指定容積率は266％となる。

（算式）

$$\left[1 - \frac{\text{容積率の異なる部分の各部分に適用される容積率にその各部分の地積を乗じて計算した数値の合計}}{\text{正面路線に接する部分の容積率} \times \text{宅地の総地積}} \right] \times \text{容積率が価額に及ぼす影響度}$$

（小数点以下第3位未満四捨五入）

　この場合において適用する「容積率が価額に及ぼす影響度」は，評価通達14－2（地区）に定める地区に応じて図表－5のとおりとなる。

② 計 算 例

　例えば，図表－6は，容積率の異なる地域にわたる宅地であり，土地の概要は以下のとおりである。

　㈠　都市計画図により確認した結果，容積率が300％の部分と200％の部分があった。

　㈡　全体地積は600㎡，容積率300％の部分は400㎡，200％の部分は200㎡である。

　㈢　容積率の境は道路から20m である*8。

　㈣　普通商業・併用住宅地区に所在する。

　このようなケースにおいては，容積率の境を公図などの図面に落とし込み，前面道路側の部分の地積を求積する*9。

●図表－5　容積率が価額に及ぼす影響度

地区区分	影響度
高度商業地区，繁華街地区	0.8
普通商業・併用住宅地区	0.5
普通住宅地区	0.1

＊8　用途地域及び容積率の境は，必ずしもセットバックのように道路と並行しているものではないため，評価対象地の所在する市区町村においてどこが境であるのかを確認する必要がある。

●図表－6　容積率の異なる地域にわたる宅地

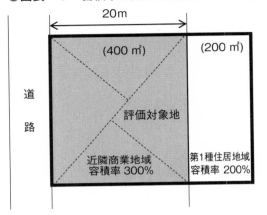

地積：600㎡
間口：20m
奥行：30m
普通商業・併用住宅地区

　そして，前述の算式に当てはめ，容積率が異なる地域にわたっている減価を5.6％と算出する。

（算式）

$$(1-\frac{300\% \times 400m^2 + 200\% \times 200m^2}{300\% \times 600m^2}) \times 0.5 = 0.05555\cdots \fallingdotseq 0.056$$

③　留　意　点

　なお，この場合に適用する容積率は，指定容積率と基準容積率とのいずれか小さい方の容積率となることに注意が必要である[10]。

　図表－6のケースにおける基準容積率は，評価対象地の面する道路の幅員が4mのとき，前面道路側の地域は基準容積率が240％（4m×6/10），裏側の地域は160％（4m×4/10）となる。

　したがって，前述の算式に当てはめると，容積率が異なる地域にわたっている減価は5.6％ということになる。

---

[9]　実務上，求積の方法としては，土地を三角形に区切り，それぞれの三角形の面積を足し合わせる三斜面積計算を行うことが一般的である。近年では，パソコンのソフトにより簡単に計測することもできる。

[10]　国税庁質疑応答事例「容積率の異なる2以上の地域にわたる宅地の評価(1)」

（算式）

$$(1 - \frac{240\% \times 400\text{m}^2 + 160\% \times 200\text{m}^2}{240\% \times 600\text{m}^2}) \times 0.5 = 0.05555\cdots \fallingdotseq 0.056$$

(2) 評価減がされないケース

ただし，評価対象地において，用途地域が2以上の地域にまたがっていたとしても，以下の(イ)～(ハ)のような場合においては容積率の減価がないケースがある。

(イ) 用途地域は異なるが，容積率が同じ

用途地域が異なる場合であっても容積率が同じケースがある。

図表－7の土地は，前面道路側は近隣商業地域，裏側は第1種住居地域であるが，容積率はともに300％である。このような場合においては，両方とも容積率が同じであるため評価減はないこととなる。

(ロ) 用途地域の境が道路と垂直である

2つの用途地域をまたいでいるが，用途地域の境が評価対象地を垂直に通っているケースがある。

図表－8の土地は，南側が近隣商業地域で容積率400％，北

●図表－7　容積率2以上の宅地①

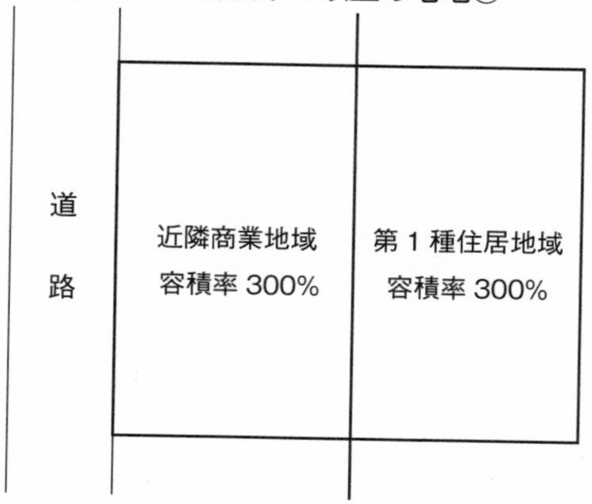

道路	近隣商業地域 容積率300％	第1種住居地域 容積率300％

●図表－8　容積率2以上の宅地②

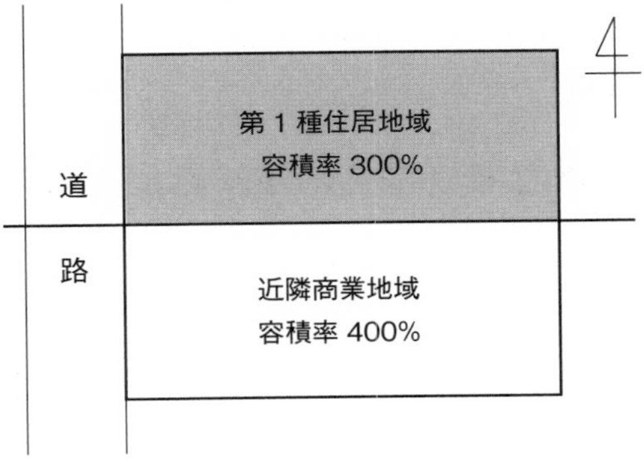

```
道

路

        ┌──────────────────────┐  ┼
        │                      │
        │   第1種住居地域        │
        │   容積率300%          │
        ├──────────────────────┤
        │   近隣商業地域         │
        │   容積率400%          │
        └──────────────────────┘
```

　側が第1種住居専用地域で容積率は300%となっている。このような場合においては，路線価は双方の事情を考慮して設定されていると考えられることから評価減はないこととなる。

�(ハ)　正面路線価側の方が容積率が低い

　　2つの用途地域をまたいでいる場合であっても，正面路線における容積率の方が低いケースがある。

　　図表－9の土地は，正面路線側は第1種住居地域で容積率300%となっているが，裏側は商業地域で容積率400%となって

●図表－9　容積率2以上の宅地③

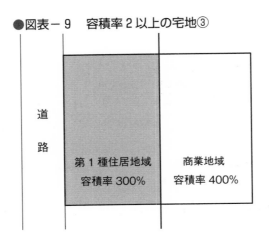

いる（裏側地域の方が容積率が高い）。このような場合，正面路線価は容積率300％を前提に設定されていると考えられることから評価減はないこととなる。

(3) 容積率の異なる3つの地域にわたる場合

1つの土地の中に3つの容積率が混在する場合がある。

そのようなケースにおいて，正面路線に接する部分の容積率と異なる容積率の部分がある場合には，異なる容積率の部分との違いによる減額調整を行う。

例えば，図表−10においては，正面路線に接する部分の容積率が400％であり，裏側の容積率は300％であるため，以下の算式のとおり，容積率の格差に基づく減額率を求める[11]。

容積率の格差に基づく減額率

$$\left\{ 1 - \frac{400\% \times 500\text{m}^2 + 300\% \times 100\text{m}^2}{400\% \times 600\text{m}^2} \right\} \times 0.5 = 0.021$$

（小数点以下第3位未満四捨五入）

そして，正面路線価25万円に奥行価格補正及び上記減額率を乗じると1m²当たりの価額は24万4,750円となる。

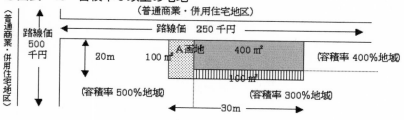

●図表−10　容積率3以上の宅地

*11　国税庁質疑応答事例「容積率の異なる2以上の地域にわたる宅地の評価(2)」参照

減額調整後の価額

正面路線価　　奥行価格補正率　　　　正面路線価　　奥行価格補正率　　減額率
$$250{,}000円 \times 1.00 - (250{,}000円 \times 1.00 \times 0.021)$$

$$= 244{,}750円$$

　なお，容積率500％と容積率400％の格差補正については，正面路線に垂直に入っているため減額調整はなく，容積率500％の地域と容積率400％の地域は一体であるものとして取り扱う。

(4)　正面路線の逆転現象

　1画地の宅地が2以上の路線に面する場合において，正面路線に奥行価格補正及び容積率の減価を行った結果，正面路線以外の路線に奥行価格補正を行った価額の方が上回るケースがある。

　そのような場合には，正面路線に容積率の格差による減額調整を適用せず，正面路線以外の路線を正面路線として評価する[12]。

　例えば，図表－11のような土地において，(イ)正面路線の路線価に奥行価格補正率を乗じて求めた価額に容積率の格差による減額調整

●図表－11　正面路線が逆転するケース

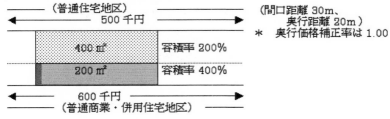

（普通住宅地区）
500 千円
400㎡　　容積率 200％
200㎡　　容積率 400％
600 千円
（普通商業・併用住宅地区）

（間口距離 30m、
奥行距離 20m）
＊　奥行価格補正率は 1.00

容積率の格差に基づく減額率

$$\left(1 - \frac{400\% \times 200㎡ + 200\% \times 400㎡}{400\% \times 600㎡}\right) \times 0.5 = 0.167$$

＊12　国税庁質疑応答事例・前掲注11

を行った価額は以下のとおりとなる。

　600,000円×1.00－（600,000円×1.00×0.167）＝499,800円

　一方，㈿裏面路線の路線価に奥行価格補正率を乗じて求めた価額は以下のとおりとなる。

　500,000円×1.00＝500,000円

　そこで，㈵＜㈿となるため，容積率の格差による減額調整の適用はなく，裏面路線を正面路線とみなして，当該画地の評価額を求めることになる。

　なお，この場合の地区区分及び補正率については，正面路線とみなされた路線（裏面路線）の路線価の地区区分に応じた補正率を適用することに留意する。

4　セットバックを必要とする宅地の評価

(1)　セットバックとは

　次にセットバックについての減価を確認していきたい。

　昭和25年に建築基準法が制定されて以降，建物は接面する道路幅員が4m以上でないと建てることができなくなったため，現在の幅員が4m未満の場合には，将来，建物の建替え等をする際に4mとなるように土地の一部を道路敷きとして提供しなければならない。これをセットバックという。また，現況幅員が4m未満でセットバックを必要とする道路を建築基準法42条2項道路という。

　例えば図表－12は，現状の道路幅員が3mである建築基準法42条2項道路であり，将来，道路の中心線から2mとなるように両側の敷地とも0.5mのセットバックが必要となる。

　なお，片側が河川やがけ地などの場合は，対岸から4mを確保しなければならない（図表－13）。

●図表－12　セットバックを必要とする宅地

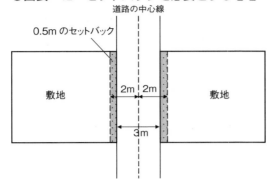

道路の中心線

0.5mのセットバック

敷地　　2m｜2m　　敷地

3m

セットバックの後退距離

$$\frac{(4-3)}{2} = 0.5m$$

●図表－13　片側が河川等の場合

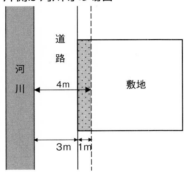

河川　　道路　　敷地

4m

3m｜1m

セットバックの後退距離

4m－3m＝1m

(2)　セットバックを必要とする宅地の評価

　このように評価対象地の接面する道路が4m未満の道路（建基法42②）であり，将来，建物の建替え等の際に道路敷きとして提供しなければならない部分を有する宅地の価額は，次の算式により計算した割合を控除する（評価通達24－6）。

（算式）

$$\frac{将来，建物の建替え時等に道路敷きとして提供しなければならない部分の地積}{宅地の総地積} \times 0.7$$

つまり，セットバックを必要とする部分を3割として評価する。

　この場合の道路の現況幅員については，現地で道路の幅員を計測するのが一般的であるが，役所に備えてある道路台帳[13]においても確認することができる。

(3) 具 体 例

　セットバックを必要とする道路の状況として，以下の4つのパターンが考えられる。

① 両側ともにセットバックしていない

　図表－14のうち土地Aは，反対側の土地とともにセットバックをしていない。このような場合には，双方とも道路の中心線から2m分後退するのが原則となる。

　したがって，実務上，以下の算式によりセットバック後退距離を求める。

（算式）

　（4m－現況幅員）÷2

　土地Aにおいては，道路の幅員は3.0mであるため，後退距離は$0.5m(=\frac{4.0m-3.0m}{2})$となる。

② 両側ともにセットバック済み

　図表－14のうち土地Bは，両側ともにセットバックがなされている。このような場合には，道路の幅員も4mとなっており，セットバックの減価はない。

③ 反対側のみセットバックしている

---

[13] 道路台帳は，道路の位置や形状，幅員が記載された図面である（道路法28）。道路幅員は，道路管理者が認定した幅の寸法が部分的に表示されている。県の管理する国道や県道にあっては県，市区町村の管理する市道や区道であれば市区町村で確認することができる。

　道路台帳は，「道路台帳平面図」，「道路台帳現況平面図」などともいい，各市区町村のホームページよりインターネットで確認できる自治体もある。

　なお，私道については県や市区町村が管理していないことから道路幅員の表示はない。

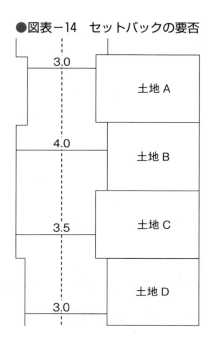

●図表－14　セットバックの要否

土地 A

3.0

土地 B

4.0

土地 C

3.5

土地 D

3.0

　図表－14のうち土地Ｃは，反対側の土地はセットバック済みであるのに対し，評価対象地においてはセットバックがなされていない。このような場合には，以下の算式によりセットバック後退距離を求める。

（算式）

　（4 m－現況幅員）

　土地Ｃにおいては，道路の幅員は3.5mであるため，後退距離は0.5m（＝4.0m－3.5m）となる。

④　評価対象地のみセットバック済み

　図表－14のうち土地Ｄは，反対側の土地はセットバックがなされていないが，評価対象地はセットバックがなされている。このような場合には，道路の幅員は3.5mであるが，評価対象地においてセットバックの減価は行わない。

(4) 小　　　括

　セットバックの調査については，まず現況の道路の幅員を計測し，前述の(3)の４類型のうちどの状況に当てはまるのかを確認する。

　幅員が４ｍ以上であればセットバックの減価はなく，４ｍ未満であれば評価対象地においてセットバックの必要性があるのか否かを判断する。

　セットバックの必要性については，市区町村において道路の種別を確認する。接面する道路が建築基準法42条２項であればセットバックの減価を行い，建築基準法の認定外の通路であれば無道路地として評価を行うことになる。

5　都市計画道路予定地の区域内にある宅地の評価

(1)　都市計画道路とは

　第三に，都市計画道路の予定地であることの減価である。

　都市計画法に基づき，既存の道路を拡幅したり，道のないところに道路を造ることがある。これを都市計画道路という（図表－15）。

　都市計画道路予定地に指定されると，その予定地内に建築しようとする建築物は，原則として，(イ)階数が２以下，かつ，地階を有しないもの，(ロ)主要構造部が，木造，鉄骨造，コンクリートブロック造その他これらに類する構造であるもの，(ハ)容易に移転し，又は除却することができるものに限られる（都計法54）。

　なお，都市計画道路には「計画決定」と「事業決定」，「整備済み」の三つの段階がある。

　「計画決定」は，事業に着手する時期などがまだ具体的に決まっていないもの，「事業決定」は，事業の着手が決まったもの，「整備

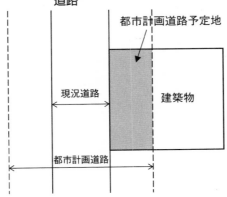

●図表－15　既存道路を拡幅するための計画
道路

都市計画道路予定地

現況道路

建築物

都市計画道路

済み」は，すでに都市計画道路の工事を終了したものである。

　計画決定及び事業決定の段階では，まだ道路としての整備が完了していないため減価を行う。これに対し，整備済みである場合には，都市計画図に計画道路の表示があっても，道路としての拡幅が完了していることから評価減の必要がない。

　したがって，評価対象地における都市計画道路の段階がどの段階であるのかは，現地での確認とともに市区町村の都市計画課等において道路整備の進捗状況を確認する必要がある。

(2)　都市計画道路予定地の評価

　評価対象地の一部が都市計画道路予定地となっている場合は，図表－16の地区区分，容積率，地積割合の別に応じて定める補正率を乗じて評価する（評価通達24－7）。

　ここでいう地積割合とは，その土地の総地積に対する都市計画道路予定地の部分の割合である。

　なお，計画道路の予定地の地積については，評価対象地の所在する市区町村の都市計画課において，都市計画道路の拡幅予定となっている部分を把握し，それを公図などの図面に落とし込んで道路予

地区区分 容積率 地積割合	ビル街地区，高度商業地区			繁華街地区， 普通商業，併用住宅地区			普通住宅地区，中小 工業地区，大工場地区	
	600%未満	600%以上 700%未満	700%以上	300%未満	300%以上 400%未満	400%以上	200%未満	200%以上
30%未満	0.91	0.88	0.85	0.97	0.94	0.91	0.99	0.97
30%以上 60%未満	0.82	0.76	0.70	0.94	0.88	0.82	0.98	0.94
60%以上	0.70	0.60	0.50	0.90	0.80	0.80	0.97	0.90

定地の面積を求積する*14。

(3)　具　体　例

　例えば，図表－17は都市計画道路予定地の区域内にある宅地の評価であり，土地の概要は以下のとおりである。

㈤　都市計画図により確認した結果，都市計画道路予定地となっている部分があった。

㈹　前面道路（国道）の幅員を国道管理事務所へ確認したところ10 m，拡幅後の幅員を市区町村の都市計画課へ確認したところ20m であることがわかった。

㈥　全体地積は600㎡，容積率は300％である。

㈦　普通商業・併用住宅地区に所在する。

　このようなケースにおいては，都市計画道路の拡幅予定となっている線を公図などの図面に落とし込み，道路予定地の面積を求積す

---

*14　既存の道路を拡幅する場合においては，市区町村の都市計画課において，将来何mに拡幅される計画なのかを確認する。そして，既存の道路の幅員を把握し，その差について後退する必要があるということである。

　なお，既存の道路の幅員については，実際に2車線や4車線といった幹線道路を計測するのは困難であるため，道路を管理している事務所等（国道であれば国道管理事務所，県道であれば県土木事務所）において確認することもできる。

　都市計画道路予定地の区域内にある宅地の評価は，30％未満，30％以上60％未満，60％以上といった割合に応じて減価がされるため，ある程度はおおまかな位置関係がわかれば評価を行うことができる。

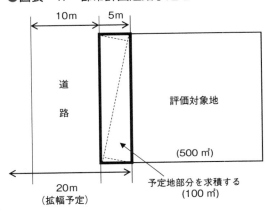

●図表－17　都市計画道路予定地

地積：600㎡
間口：20m
奥行：30m
容積率：300％
普通商業・併用住宅地区

道路

評価対象地

(500㎡)

10m　5m

20m
（拡幅予定）

予定地部分を求積する
(100㎡)

る。既存の道路幅員10mのものを20mとなるよう両側に拡幅するというものであるため，都市計画道路予定地における後退距離は5mということになる。

　ここでは，評価対象地の地積割合は30％未満（16.6％＝100㎡/600㎡），普通商業・併用住宅地区，容積率300％であるため，補正率は0.94となる。

6　本章のまとめ

　土地の評価において，どの土地においても必ず確認を要する3つの減価項目を確認してきた。これらは，相続税法上の時価を導き出すために財産評価基本通達に定められているものであるが，いずれも都市計画法や建築基準法の知識を必要とする。

　なお，税理士の試験科目には不動産の行政法規はなく，評価実務において都市計画法，建築基準法の知識が抜けてしまうケースもまま見受けられる。

　本章で述べてきた3つの項目については，土地の数や面積が多くなれば評価減額も大きいものとなる。土地の評価に当たって常に確

認すべき事項であり，土地の評価を行うに当たっては，住宅地図，公図，路線価図を確認するとともに，都市計画図，道路台帳を確認することを習慣としたい。

第5章
地積規模の大きな宅地

1 広大な土地の評価

本章では，広大な土地についての補正を取り上げる。

例えば，図表－1のA土地（150㎡）は地域の標準的な宅地であり，B土地（1,000㎡）は地積が広大な宅地だとする。

ここで，A土地が実際に1㎡あたり10万円×150㎡＝1,500万円で売却されたとき，B土地も1㎡あたり10万円×1,000㎡＝1億円で売却できるのかというとそうではない。

一般的な戸建住宅を建てようとする者が土地を購入しようとする際，A土地の1,500万円（10万円×150㎡）であれば購入する者が多くいるであろう。

しかし，自宅を建てるにあたってB土地（1億円）を購入しようとする者はほとんどいない。1億円の資金がある者は限られているし，自宅に1,000㎡も必要ないからである。

したがって，B土地のような広大な土地は，図表－2のように区画割りして売却がなされることになる。このとき，奥で道路に接面することができない部分が生じることから，B土地内に道路を設ける必要がある。

その道路は，公共公益的施設用地（潰れ地）として売値に反映で

●図表－1　標準的な宅地と広大な宅地

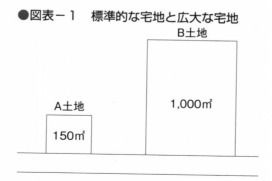

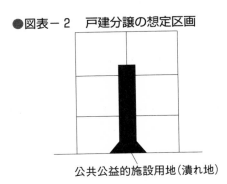

●図表－2　戸建分譲の想定区画

公共公益的施設用地（潰れ地）

きないため，全体の土地の価額が下がるというわけである。図表－
1のB土地においては，例えば2割以上の減価がなされて，時価
は8,000万円（1㎡当たり8万円）などとなるであろう。

　このように地積が広大であることに対する補正を「規模格差補
正」といい，当該補正を行う土地を「地積規模の大きな宅地」とい
う。

2　地積規模の大きな宅地の評価

(1)　評価の方式

　地積規模の大きな宅地に該当する場合，下記算式のとおり，路線
価に，奥行価格補正率や不整形地補正率などの各種画地補正率に加
えて，規模格差補正率を乗じて評価を行う（評価通達20－2）。

　（算式）

　評価額 ＝ 路線価 × 奥行価格補正率 ×
　　　　　不整形地補正率などの各種画地補正率 × 規模格差補正率 × 地積（㎡）

　そして，規模格差補正率は，次のとおり計算する。

（算式）

$$\frac{規模格差}{補正率} = \frac{Ⓐ \times Ⓑ + Ⓒ}{地積規模の大きな宅地の地積(Ⓐ)} \times 0.8$$

ここでは，小数点以下第2位未満を切り捨てる。

なお，上記算式中の「Ⓑ」及び「Ⓒ」は，地積規模の大きな宅地が所在する地域と地積に応じて，それぞれ次に掲げる表のとおりとする。

イ　三大都市圏に所在する宅地

地区区分　地積　記号	普通商業・併用住宅地区，普通住宅地区	
	Ⓑ	Ⓒ
500㎡以上 1,000㎡未満	0.95	25
1,000㎡以上 3,000㎡未満	0.90	75
3,000㎡以上 5,000㎡未満	0.85	225
5,000㎡以上	0.80	475

ロ　三大都市圏以外の地域に所在する宅地

地区区分　地積　記号	普通商業・併用宅地地区，普通住宅地区	
	Ⓑ	Ⓒ
1,000㎡以上 3,000㎡未満	0.90	100
3,000㎡以上 5,000㎡未満	0.85	250
5,000㎡以上	0.80	500

規模格差補正率は，評価対象地の地積が大きくなるにつれ，図表－3のように減価率は大きくなる。

●図表－3　地積と補正率の関係

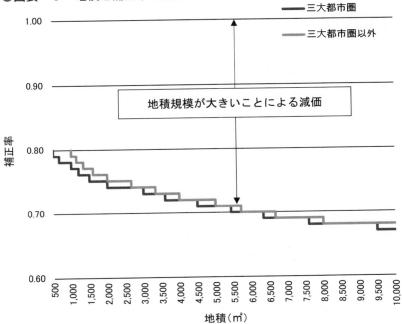

(2) 計　算　例

　例えば，図表－4の宅地は，三大都市圏に所在し，地区区分は普通住宅地区，地積は750㎡であるため，地積規模の大きな宅地に該当する。

　この場合，次のように奥行価格補正（0.95）に加えて規模格差補正（0.78）を行う。

（算式）

1　規模格差補正率の計算（小数点以下第2位未満切捨て）

$$\frac{750㎡ \times 0.95 +25}{750㎡} \times 0.8 = 0.78$$

2 評価額

$$\underset{\text{路線価}}{300,000\text{円}} \times \underset{\text{奥行価格補正率}}{0.95} \times \underset{\text{規模格差補正率}}{0.78} \times \underset{\text{地積}}{750\text{m}^2} = 166,725,000\text{円}$$

●図表－4　地積規模の大きな宅地

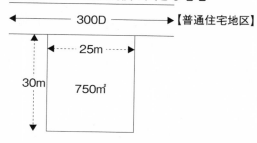

3 「地積規模の大きな宅地」とは

(1) 「地積規模の大きな宅地」の要件

　では，どのような土地が「地積規模の大きな宅地」にあたるのか，いくつかの要件について確認しておきたい。

　「地積規模の大きな宅地」は，(イ)三大都市圏においては500㎡以上，三大都市圏以外の地域においては1,000㎡以上の地積を有し，(ロ)地区区分が「普通商業・併用住宅地区」及び「普通住宅地区」である宅地*1をいう。

　なお，次の(イ)〜(ニ)に該当する宅地は地積規模の大きな宅地から除かれる。

(イ)　市街化調整区域に所在する宅地

---

*1　地積規模の大きな宅地の評価は「宅地」とされているが，市街化区域における市街地農地，市街地山林，市街地原野，雑種地についても，それらが宅地であるとした場合の評価（いわゆる宅地比準方式）を行うことから「地積規模の大きな宅地の評価」の定めを適用して評価する。

●図表－5　規模格差補正のフローチャート

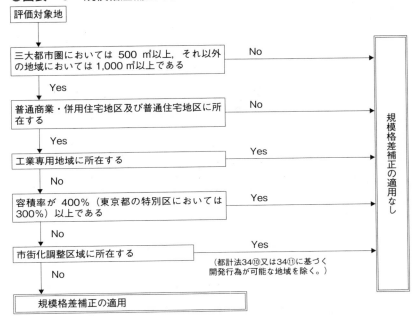

(ロ)　都市計画法の用途地域が「工業専用地域」に指定されている地
　　域に所在する宅地
(ハ)　指定容積率が400％（東京都の特別区においては300％）以上の
　　地域に所在する宅地
(ニ)　財産評価基本通達22－2に定める大規模工場用地*2
　　これらの要件をフローチャートに示すと図表－5のとおりである。

(2)　面積の要件

　第一に，評価対象地の面積要件である。地積規模の大きな宅地は，
三大都市圏においては500㎡以上，それ以外の地域においては1,000
㎡以上の地積の宅地をいう。

＊2　大規模工場用地とは，50,000㎡以上の工場用地をいう（路線価地域においては，
　大工場地区に所在するものに限る）。

●図表－6　三大都市圏の範囲

圏名	都府県名		都市名
首都圏	東京都	全域	特別区，武蔵野市，八王子市，立川市，三鷹市，青梅市，府中市，昭島市，調布市，町田市，小金井市，小平市，日野市，東村山市，国分寺市，国立市，福生市，狛江市，東大和市，清瀬市，東久留米市，武蔵村山市，多摩市，稲城市，羽村市，あきる野市，西東京市，瑞穂町，日の出町
	埼玉県	全域	さいたま市，川越市，川口市，行田市，所沢市，加須市，東松山市，春日部市，狭山市，羽生市，鴻巣市，上尾市，草加市，越谷市，蕨市，戸田市，入間市，朝霞市，志木市，和光市，新座市，桶川市，久喜市，北本市，八潮市，富士見市，三郷市，蓮田市，坂戸市，幸手市，鶴ヶ島市，日高市，吉川市，ふじみ野市，白岡市，伊奈町，三芳町，毛呂山町，越生町，滑川町，嵐山町，川島町，吉見町，鳩山町，宮代町，杉戸町，松伏町
		一部	熊谷市，飯能市
	千葉県	全域	千葉市，市川市，船橋市，松戸市，野田市，佐倉市，習志野市，柏市，流山市，八千代市，我孫子市，鎌ヶ谷市，浦安市，四街道市，印西市，白井市，富里市，酒々井町，栄町
		一部	木更津市，成田市，市原市，君津市，富津市，袖ケ浦市
	神奈川県	全域	横浜市，川崎市，横須賀市，平塚市，鎌倉市，藤沢市，小田原市，茅ヶ崎市，逗子市，三浦市，秦野市，厚木市，大和市，伊勢原市，海老名市，座間市，南足柄市，綾瀬市，葉山町，寒川町，大磯町，二宮町，中井町，大井町，松田町，開成町，愛川町
		一部	相模原市
	茨城県	全域	龍ヶ崎市，取手市，牛久市，守谷市，坂東市，つくばみらい市，五霞町，境町，利根町
		一部	常総市
近畿圏	京都府	全域	亀岡市，向日市，八幡市，京田辺市，木津川市，久御山町，井手町，精華町
		一部	京都市，宇治市，城陽市，長岡京市，南丹市，大山崎町
	大阪府	全域	大阪市，堺市，豊中市，吹田市，泉大津市，守口市，富田林市，寝屋川市，松原市，門真市，摂津市，高石市，藤井寺市，大阪狭山市，忠岡町，田尻町
		一部	岸和田市，池田市，高槻市，貝塚市，枚方市，茨木市，八尾市，泉佐野市，河内長野市，大東市，和泉市，箕面市，柏原市，羽曳野市，東大阪市，泉南市，四條畷市，交野市，阪南市，島本町，豊能町，能勢町，熊取町，岬町，太子町，河南町，千早赤阪村
	兵庫県	全域	尼崎市，伊丹市
		一部	神戸市，西宮市，芦屋市，宝塚市，川西市，三田市，猪名川町
	奈良県	全域	大和高田市，安堵町，川西町，三宅町，田原本町，上牧町，王寺町，広陵町，河合町，大淀町
		一部	奈良市，大和郡山市，天理市，橿原市，桜井市，五條市，御所市，生駒市，香芝市，葛城市，宇陀市，平群町，三郷町，斑鳩町，高取町，明日香村，吉野町，下市町
中部圏	愛知県	全域	名古屋市，一宮市，瀬戸市，半田市，春日井市，津島市，碧南市，刈谷市，安城市，西尾市，犬山市，常滑市，江南市，小牧市，稲沢市，東海市，大府市，知多市，知立市，尾張旭市，高浜市，岩倉市，豊明市，日進市，愛西市，清須市，北名古屋市，弥富市，みよし市，あま市，長久手市，東郷町，豊山町，大口町，扶桑町，大治町，蟹江町，阿久比町，東浦町，南知多町，美浜町，武豊町，幸田町，飛島村
		一部	岡崎市，豊田市
	三重県	全域	四日市市，桑名市，木曽岬町，東員町，朝日町，川越町
		一部	いなべ市

（注）　平成28年4月1日現在。「一部」の欄に表示されている市町村は，その行政区域の一部が区域指定されているものであり，評価対象地が指定された区域内に所在するか否かは，当該宅地の所在する市町村又は府県の窓口で確認する必要がある。

これは，土地の所有者が，三大都市圏においては500㎡以上の土地，それ以外の地域においては1,000㎡以上の土地を分譲しようとする場合，その自治体が都市計画法に基づいて定める開発許可*3を必要とすることから，この面積を基準にして，地積規模の大きな宅地の定義がなされている。

　なお，三大都市圏とは，首都圏，近畿圏，中部圏のうち図表－6に記載されている都市をいう*4。

(3)　地域区分の要件

　第二に，地域区分の要件である。地積規模の大きな宅地は，路線価地域に所在するものについては，財産評価基本通達14－2《地区》に定める「普通商業・併用住宅地区」及び「普通住宅地区」に所在するものが該当する。

　ただし，都市計画法に定める用途地域の「工業専用地域」に所在する宅地は，地積規模の大きな宅地に含まれないものとされている。

　財産評価基本通達に定める地区区分と都市計画法に定める用途地域の関係については，図表－7のとおりとなる（表中の「○」は規模格差補正が適用できるもの，「×」は適用ができないものを表す）。

　なお，図表－8のような中小工場地区においては，後述する旧広大地補正は適用の可能性があったが，地積規模の大きな宅地では適用できなくなったことに注意が必要である。

＊3　建築物の建築を目的とした土地の「区画形質の変更」を開発行為といい，新たに開発を行うことによって道路や公園等を新設することは「区画の変更」にあたる。
　　　そして，一定面積以上の土地において開発行為を行う場合，道路の形状や幅員，給排水施設の構造，消防水利の基準などの開発許可基準を充たしていることの都道府県知事等の許可が必要となる。
＊4　国税庁「（平成30年1月1日以降用）『地積規模の大きな宅地の評価』の適用要件チェックシート」
　　　ちなみに，農地等の納税猶予制度で用いられている「三大都市圏特定市」は，「租税特別措置法（相続税法の特例関係）の取扱いについて」70の4－2に基づいた平成3年1月1日時点の都市をいい，地積規模の大きな宅地にいう「三大都市圏」と範囲が異なることに注意が必要である。

●図表－7　地区区分と用途地域の関係

地区区分 ＼ 用途地域	第一種低層住居専用地域	第二種低層住居専用地域	第一種中高層住居専用地域	第二種中高層住居専用地域	第一種住居地域	第二種住居地域	準住居地域	近隣商業地域	商業地域	準工業地域	工業地域	工業専用地域
ビル街区	×	×	×	×	×	×	×	×	×	×	×	×
高度商業地区	×	×	×	×	×	×	×	×	×	×	×	×
繁華街地区	×	×	×	×	×	×	×	×	×	×	×	×
普通商業・併用住宅地区	○	○	○	○	○	○	○	○	○	○	○	×
普通住宅地区	○	○	○	○	○	○	○	○	○	○	○	×
中小工場地区	×	×	×	×	×	×	×	×	×	×	×	×
大工場地区	×	×	×	×	×	×	×	×	×	×	×	×

●図表－8　中小工場地区

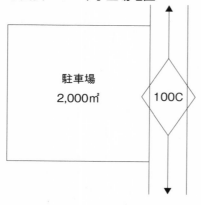

地積：2,000㎡
中小工場地区
三大都市圏に所在
駐車場用地

駐車場
2,000㎡

100C

(4)　容積率の要件

　第三に，容積率の要件である。地積規模の大きな宅地は，建築基準法に定める容積率が400％以上（東京都特別区においては300％以上）である宅地は該当しないものとされている。

これは，指定容積率が400％（東京都特別区においては300％）以上の地域に所在する宅地については，マンション敷地等として一体的に利用されることが標準的であり，戸建住宅用地として分割分譲が行われる蓋然性が乏しいと考えられるからである。

　なお，容積率には，建築基準法52条１項に規定する「指定容積率」と建築基準法52条２項に規定する前面道路幅に基づいた「基準容積率」がある*5。建築の実務では，指定容積率が300％の地域であっても，例えば，近隣商業地域において前面道路の幅員が４ｍである場合の基準容積率４ｍ×0.6＝240％が採用される。

　一方，地積規模の大きな宅地においては，容積率を「建築基準法第52条第１項に規定する」割合としていることから，指定容積率のみで判定し，基準容積率は考慮しないこととなる*6。

　したがって，指定容積率が400％の地域であっても，前面道路の幅員６ｍの近隣商業地域の基準容積率は６ｍ×0.6＝360％となるが，指定容積率が400％以上となる時点で地積規模の大きな宅地に該当しないということに注意が必要である。

(5)　都市計画の要件

　第四に，都市計画の要件である。都市計画区域における市街化調整区域内の宅地は，地積規模の大きな宅地に該当しないこととされている。

　市街化調整区域は，市街化を抑制すべき区域であり，原則として，宅地開発を行うことができず，戸建住宅用地としての分割分譲に伴う減価が発生する余地がないからである。

　ただし，市街化調整区域内の宅地であっても，例えば，都市計画法の規定により都道府県知事等が開発行為を許可することができる

＊５　容積率については第４章２(3)参照
＊６　国税庁質疑応答事例「地積規模の大きな宅地の評価－基準容積率が指定容積率を下回る場合の容積率の判定」

区域（都計法34十一）においては，規模格差補正率の適用をすることができるケースもある*7。

4 地積規模の大きな宅地の新設の経緯

(1) 旧広大地補正

現行の地積規模の大きな宅地は，平成30年1月1日に新設された。

それより前の平成6年から平成29年においては，広大地（以下「旧広大地」という）として補正が行われていた。

旧広大地補正は，評価対象地が，(イ)その地域における標準的な宅地の地積に比して著しく地積が広大で，(ロ)都市計画法に定める開発行為を行うとした場合に道路や公園等の公共公益的施設用地の負担が必要と認められる宅地について適用されていた（旧評価通達24－4）*8。

そして，旧広大地に該当する場合には，15《奥行価格補正》から20－5《容積率の異なる2以上の地域にわたる宅地の評価》までの定めに代えて，次の広大地補正率を乗じて評価されていた。

（算式）

$$\text{広大地補正率} = 0.6 - 0.05 \times \frac{\text{広大地の地積}}{1,000\text{m}^2}$$

＊7　国税庁質疑応答事例「市街化調整区域内における広大地の評価の可否」参照

＊8　旧広大地の適用は平成29年12月31日までの相続，遺贈又は贈与に適用されている。更正決定等の期間が法定申告期限から5年間あることから，例えば，相続開始日が平成29年12月31日の相続税申告においては，令和5年10月31日まで旧広大地の適用問題が残ることになる。

(2)　旧広大地補正の問題点

　なお，旧広大地補正は，地積が広大であっても，以下のような土地については適用しないこととされていた。

(イ)　公共公益的施設用地の負担がほとんど生じないと認められる土地

(ロ)　中高層の集合住宅等の敷地用地に適している土地（マンション適地）

(ハ)　既に開発を了しているマンション・ビル等の敷地用地

(ニ)　現に宅地として有効活用されている建築物等の敷地

　広大な土地について，図表－9の①のような分譲が想定されるのであれば道路用地（公共公益的施設用地）の負担が必要となることから広大地に該当し，②及び③のような土地の利用が可能となるのであれば道路用地（公共公益的施設用地）の負担が不要となることから広大地にはあたらないというものである。

　ここでは，実務上，どのような場合に広大地に該当し，どのような場合に路地状部分を組み合わせることで公共公益的施設用地が不要として広大地が否認されるのか，どのような場合にマンション適地に該当するとして広大地が否認されるのか不明確なものとなっていた。

　また，平成29年度税制改正大綱においては，(イ)広大地補正は面積に応じて比例的に減額する評価方法であり，土地の形状が加味されていないことから，整形であっても不整形や無道路であっても評価額は同額となること，(ロ)広大地補正は評価が40％以上最大65％下がることから減額割合が大きく，取引価格と大きく乖離している事例が多数発生していること，(ハ)富裕層の節税策に利用されていることなどが指摘されていた。

　そこで，旧広大地補正を各土地の個性に応じて形状・面積に基づき評価する方法に見直すとともに，適用要件を明確化するために

●図表－9　旧広大地の判断

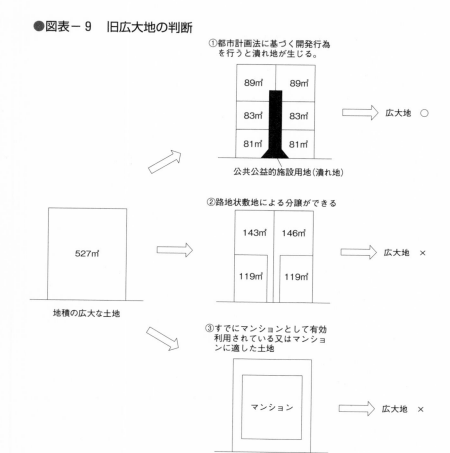

①都市計画法に基づく開発行為
を行うと潰れ地が生じる。

89㎡	89㎡
83㎡	83㎡
81㎡	81㎡

広大地　○

公共公益的施設用地(潰れ地)

527㎡

地積の広大な土地

②路地状敷地による分譲ができる

| 143㎡ | 146㎡ |
| 119㎡ | 119㎡ |

広大地　×

③すでにマンションとして有効
利用されている又はマンショ
ンに適した土地

マンション

広大地　×

「地積規模の大きな宅地」が新設されたというわけである。

5　旧広大地補正との相違点

(1)　地積が著しく広大か否かの判定

　旧広大地は，その地域の標準的な宅地と比べて著しく地積が広大
でなければならないとされていた。

その「著しく広大」か否かの判定については，原則として，都市計画法に定める開発許可面積基準以上であれば広大地にあたるとされていたが，開発許可面積基準以上であっても，その地域の標準的な宅地の地積と比較して広大とはいえない場合には，広大地に該当しないとされていた[*9]。そのため，その地域の標準的な宅地の地積がどれくらいであるのか，著しく広大とはどの程度のことをいうのかという点で，広大地補正の適否の判断を困難なものとさせていた。

　その点，規模格差補正においては，地域の標準的な地積の多寡に関わらず，地積のみで判断できるようになった。

(2)　道路負担の要否の判断

　次に，旧広大地は，地積が著しく広大であっても，その土地を経済的に最も合理的に戸建住宅の分譲を行った際に図表−2のような道路の開設が必要なものでなければならなかった[*10]。

　しかし，評価対象地について，経済的に最も合理的に戸建分譲を行った場合を想定して，道路が必要か否かを判定することは最も困難であった。実務上，評価対象地の奥行が長いのか短いのか，その周辺地域において道路を入れた開発事例が多いのか，路地状敷地による分譲が行われている事例が多いのかなどを調査しながら，どのように区画割りを想定するのが合理的かをその都度判断しながら実務が行われていた。

　その点，規模格差補正においては，道路を開設して開発すべきか否か，路地状敷地として開発できるか否かに関わらず，地積のみで判定できるようになった。

＊9　国税庁質疑応答事例「広大地の評価における『著しく地積が広大であるかどうかの判断』」参照
＊10　国税庁質疑応答事例「広大地の評価における公共公益的施設用地の負担の要否」

(3)　マンション適地の判断

　また，旧広大地は，地積が著しく広大であっても，「中高層の集合住宅等の敷地用地に適しているもの」（中高層の集合住宅等の敷地用地として使用するのが最有効使用と認められるもの）については適用しないものとされていた。

　そこで，実務上，評価対象地が次のようなマンション適地に該当するか否かの判断をしなければならなかった。

①　その地域における用途地域・建ぺい率・容積率や地方公共団体の開発規制等が厳しくなく，交通，教育，医療等の公的施設や商業地への接近性（社会的・経済的・行政的見地）から判断して中高層の集合住宅等の敷地用地に適していると認められる場合

②　その地域に現に中高層の集合住宅等が建てられており，また，現在も建築工事中のものが多数ある場合，つまり，中高層の集合住宅等の敷地としての利用に地域が移行しつつある状態で，しかもその移行の程度が相当進んでいる場合

　しかし，ここでも，評価対象地はマンション適地にあたるのか，戸建分譲が適しているのかを判断することは困難なものであった。

　そこで，規模格差補正においては，マンション適地にあたるか否かに関わらず，容積率のみで判定できるようになった。したがって，図表－10のようなマンション適地は，旧広大地補正は行われないものとされていたが，規模格差補正においてはマンション適地か否かに関わらず適用できることに注意したい。

(4)　他の補正項目との併用の可否

　旧広大地は，路線価に，「財産評価基本通達15《奥行価格補正》から同20－5《容積率の異なる2以上の地域にわたる宅地の評価》まで」の定めに代わるものとして適用することとされていた。

　したがって，不整形地補正（評価通達20）や無道路地補正（旧評

●図表－10　マンション適地

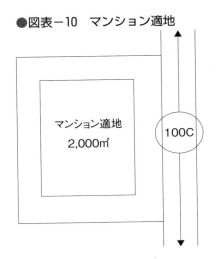

地積：2,000㎡
普通商業・併用住宅地区
三大都市圏に所在
容積率300％
マンション適地
（マンションの敷地）

●図表－11　各種補正率との併用関係

各種補正項目		旧広大地	地積規模の大きな宅地
15項	奥行価格補正	×	○
16項	側方路線影響加算	×	○
17項	二方路線影響加算	×	○
18項	三方又は四方路線影響加算	×	○
20項	不整形地の評価	×	○
20－3項	無道路地の評価	×	○
20－4項	間口が狭小な宅地等の評価	×	○
20－5項	がけ地等を有する宅地の評価	×	○
20－7項	容積率の異なる2以上の地域にわたる宅地の評価	×	○
24－6項	セットバックを必要とする宅地の評価	×	○
24－7項	都市計画道路予定地の区域内にある宅地の評価	○	○
40項	宅地造成費の控除	×	○
40－3項	生産緑地の評価	○	○

価通達20－2），がけ地補正（同20－4）は広大地補正に織り込み
済みであるとされ，さらにはセットバックを必要とする宅地の評価
（評価通達24－6）も織り込み済みであるため併用されないものと
考えられていた。

しかし，それでは土地の形状が加味されず，整形であっても不整形や無道路であっても評価額は同額となってしまうため，新設された地積規模の大きな宅地の評価においては，不整形地補正（評価通達20）や無道路地補正（評価通達20－3），がけ地補正（同20－5）などの各種補正率を併用して評価することとなった。

6 本章のまとめ

平成30年より新設された地積規模の大きな宅地の評価であるが，その前身は平成6年より適用されてきた旧広大地補正である。

そのため，規模格差補正と旧広大地補正との相違点を確認しておく必要がある。

例えば，規模格差補正は，旧広大地補正では適用できなかったマンション適地や既にマンション（タワーマンション含む）やビル，店舗の敷地として有効利用されている土地にも適用できる。

また，不整形地補正や無道路地補正，セットバックの評価減など，旧広大地補正では併用できなかった各種の他の補正項目との併用ができる。

一方，旧広大地補正が適用できた中小工場地区においては，適用することができない。

地積規模の大きな宅地の評価は，2割以上の減価がなされるなど減価率が大きいため，広大な土地の評価にあたっては，適用漏れのないように要件を十分確認する必要がある。

第6章
借　地　権

税務の専門家においても，借地権はわかりにくいという声を耳にする。なぜわかりにくいのだろうか。それは，借地権は，土地や建物とは異なり目に見えた現物（姿，形）があるわけではないからであろう。

　また，相続税における財産評価は時価すなわち客観的な交換価値だといいながら，借地権の流通市場が存在するかと言えば，それもないに等しい。新婚夫婦が戸建てを購入するとき，土地を購入する資金力がないからといって，借地権の建物を探そうという者はほとんどいない。

　土地所有者（賃貸人，地主）からみても，借地人の家が建っている借地権を売却しようとする際，売り急ぎや買い進みといった特殊事情のない客観的な交換価値で売却できるかというとそのように公開された流通市場もない。

　本章では，そのような借地権がどのような場合に発生し，なぜ財産的価値が認められるのかを確認しておきたい。

1　借地権とは

(1)　借地権の定義

　まず，借地権はどのような場合に発生するのであろうか。

　一言でいえば，その借地上に建物があり，借地借家法の適用がなされる場合である。

　土地の賃貸借においては，土地の借主（借地人）に「地上権」又は「賃借権」という権利が発生する*1。

　地上権とは，他人の土地において工作物を所有するため，その土地を使用する権利をいう（民265）。物権としての地上権は，土地所

---

*1　そのいずれかは賃貸借契約書で確認できる。また，地上権の場合は登記がされているケースが多いため登記情報で確認することもできる。

有者の承諾を得ないでも建物の売却や担保の設定が自由にできる権利である。

賃借権とは，賃貸借契約に基づき，賃借人が目的物たる土地を使用収益することができる権利をいう（民601）。債権としての賃借権は，土地所有者に賃料を支払って土地の使用収益を可能にする権利であるが，土地所有者の承諾を得ないと建物の建替えや売却はできない。

そして，この地上権又は賃借権のうち，「建物の所有を目的とするもの」を借地権という（借地借家法2①。図表－1）*2。

その「建物の所有を目的とする」とは，借地使用の主たる目的がその土地上に建物を建築し，これを所有することをいう。

したがって，例えば，借地人によって戸建住宅や店舗，ビルといった建物が建てられている場合には，土地の地目は宅地となり，発生する権利は借地権となる。

一方，借地使用の目的が，立体駐車場（構築物）や資材置場，中古車の展示場，ゴルフ練習場など建物所有を主たる目的としている

●図表－1　地上権と賃借権，借地権の関係

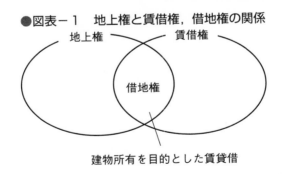

地上権　　賃借権

借地権

建物所有を目的とした賃貸借

ものではない場合には，土地の地目は雑種地となり，発生する権利は地上権又は賃借権となる*3。

(2) 借地権の沿革

　次に，借地権が財産権として保護強化されてきた過程を確認しておきたい*4。

　民法が明治29（1896）年に制定されて以降，土地の賃貸借にあっては，土地所有者は物権である地上権の設定を好まず，賃借権が使われていた。賃借権は，債権であることから，当時，土地所有者がその土地を第三者に譲渡すると，土地の新しい買主は借地人に対して建物の収去や土地の明渡しを請求することができた。

　借地人（借地権者）は，賃借権の登記をすれば第三者に対しても対抗力を備えることができたが，現実に賃借権の登記に協力する土地所有者は稀であり，民法上借地人の立場は弱いものであった。

　当時は日清戦争や日露戦争の特需もあり，都心部の土地の価格は高騰し，土地を有効に活用したい土地所有者は，第三者に仮装譲渡などすることにより借地人に建物の取壊しと土地の明渡しを請求することができた。

　そこで，賃借人の立場を強化するため，明治42（1909）年に「建物保護に関する法律」が制定され，建物の登記を行えば新しい土地の買主への対抗力が認められることとなった。

　さらに，大正10（1921）年には，借地権の存続期間を堅固建物で60年以上，非堅固建物で20年以上とするなどの「借地法」及び「借

---

*3　借地権の範囲において，相続税・贈与税と所得税・法人税とで違いがある。所得税及び法人税においては，構築物の所有を目的とする賃貸借も借地権に含まれているが，相続税及び贈与税において構築物は借地権に該当しない（国税庁質疑応答事例「借地権の意義」参照）。

*4　冒頭にあるとおり，現代において新たに借地権（定期借地権等を除く）を設定して賃貸借を開始するケースはほとんどない。今ある借地権のほとんどは戦前戦後から引き続いているものである。

家法」が制定された（以下，借地法を「旧借地法」と呼ぶことがある）。

　そして，上記の借地権の存続期間満了の時期（非堅固建物で20年）を迎える昭和16（1941）年に，契約期間の満了により土地の明渡しを請求する際には「正当な事由」を必要とするなど，賃借人のさらなる保護が図られるようになった。太平洋戦争下にあって出征兵士やその家族の暮らしを守るため，借地契約の更新を拒絶することを実質的に不可能とした改正である。

　しかしその一方で，正当な事由*5がないと賃貸借契約を終了することができないとする制度は，期間が満了しても土地が返還されないという結果となった。終戦を迎え，その後の高度成長期（昭和30〜40年代），バブル経済期（昭和50〜60年代）といった地価の高騰に対して土地の有効活用を妨げ，土地を一度貸すと半永久的に返還されないとして地主層からの批判が強くなった。

　そこで，平成4（1992）年8月1日に，建物保護に関する法律と借地法，借家法を一本化した借地借家法が施行され，賃貸借契約の終了期間を限定して土地を貸すという定期借地権が創設された*6。

(3)　借地借家法の定め

　上記のとおり，借地権は，建物を所有するために地代を払って他人から土地を借りる権利である。

　旧借地法においても，新借地借家法においても，借地人は，その土地上に自己名義の登記済建物を所有していれば，第三者に対して

＊5　何が正当事由となるかは，裁判での判断に委ねられており多数の判例がある。現在の借地借家法においては，貸主・借主が土地・建物の使用を必要とする事情，賃貸借に関する従前の経緯，土地・建物の利用状況，立退料の提供などを考慮して判断されている。

＊6　借地借家法の施行前に成立している既存の借地権については，引き続き旧借地法の従前の取扱いが適用される（借地借家法附則4ただし書）。これら新旧2種類の借地権は，存続期間や更新，終了事由等に差異はあるものの並存するものとなっている。

●図表－2　旧借地法と借地借家法の比較

項目 ＼ 類型	旧借地法 借地権	借地借家法 普通借地権	借地借家法 定期借地権等 定期借地権	借地借家法 定期借地権等 事業用定期借地権等	借地借家法 定期借地権等 建物譲渡特約付借地権
利用目的	制限なし	制限なし	制限なし	専ら事業用の建物（居住用を除く）所有に限る。	制限なし
存続期間	堅固…60年以上 その他…20年以上	30年以上	50年以上	10年以上50年未満	30年以上
約定条項	終了に関する特約は無効	終了に関する特約は無効	借地契約において次の事項を特約 ①契約の更新 ②再築による期間延長 ③建物買取請求権	10年以上30年未満の期間の借地権については、次の事項に関する規定が自動的に排除され、30年以上50年未満の期間の借地権については、次の事項に関する規定の適用がない旨を定めることができる。 ①契約の更新 ②再築による期間延長 ③建物買取請求権	借地契約と同時に設定後30年経過後に建物を地主に譲渡するという特約付き。
更新後の存続期間	法定更新 堅固…30年 その他…20年	法定更新 最初…20年 2回目以降…10年	なし（終了）	なし（終了）	なし（終了）
終了事由	正当事由が必要	正当事由が必要 ・当事者の土地の使用を必要とする事情 ・借地に関する従前の経過 ・地主が提供する財産上の給付	期間終了	期間終了	建物譲渡

（出典）　宇野沢貴司編『財産評価基本通達逐条解説（令和2年版）』（大蔵財務協会，2020年）55頁を参考に筆者作成

借地権を対抗することができ（借地借家法10①），賃貸借契約の存続期間が定められている*7。当事者の意思に関わらず法律の規定によって契約が更新され（法定更新。同法5），土地の明渡しを請求する際には正当事由が必要となる（同法6）。

---

*7　借地借家法では，契約期間を特に定めなかった場合は30年となり，30年より長い期間を定めた場合は，その定めた期間となる（借地借家法3）。30年より短い期間を定めた場合は，その約定は無効となり30年となる（同法9）。

地代についても，貸主から増額請求を行う場合，まずは当事者間で協議をすることになり，協議が調わない場合には裁判手続をとることが必要となる（同法32）。

　このように，「建物の所有を目的とする」賃貸借，すなわち借地権は，借地人保護の意味合いが強く，期間が満了しても半永久的に土地を使用収益できる権利と考えることができる。

(4)　借地権価格の形成

　では，借地権の価格とはどのように形成されるのであろうか。

　土地を賃貸する際，土地の所有者は，その時の地価を考慮しながら適正な地代を設定する。しかし，その後に地価が大きく上昇したとしても，それに比例して地代を値上げすることが難しい。地価が上昇していくにつれ，地代との乖離は大きくなる。

　そのため，土地所有者は，土地を賃貸する際に，将来の地価の上昇や土地の使用制限等を十分考慮して，その設定の対価として権利金[8]を収受する取引慣行が大正の頃より生じてきた。

　したがって，例えば，図表－3の借主となる乙は，土地の賃貸借の契約時に，土地所有者である甲に対して権利金を支払う（図表－3の①）。そこで権利金相当額の借地権が発生する。

　昭和14（1939）年には，国民生活の安定を図り戦争を遂行するために地代家賃統制令が制定された。そこでは地代と家賃の値上げに対する統制が行われたが，権利金は統制の対象外であった時期もあり，土地所有者が地代と地価の乖離を補填するために権利金の取引慣行が全国的に拡大されたともいわれている。

　その後，乙が土地所有者の承諾を得て借地権を譲渡したとする。乙は過去に権利金を支払っていることから，新しい買主に対して，

---

[8]　権利金とは，借地契約の際，借地権を設定する対価として借主から貸主に支払われる金銭のことをいう。敷金や保証金と異なり，借地の契約が終了しても権利金は返還されない。

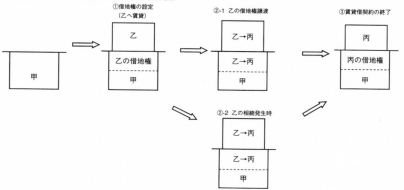

借地権をその権利金相当額の対価で売却することになる（同②）。そこに借地権の財産性が認められる。

　そして，賃貸借の期間が満了し，当事者の合意によって借地契約が終了した時には，土地の所有者は有償又は無償で土地の返還を受ける（同③）。

　以下，借地権の発生，異動，消滅の時点での課税上の取扱いを確認しておきたい。

2　借地権の発生・異動・消滅

(1)　借地権発生時の取扱い

① 借地権の発生

　まず，借地権発生時の取扱いである。土地の賃貸借契約を締結する際，権利金その他一時金を授受する慣行がある地域においては，借地人から土地所有者へ権利金が支払われることが前提とされている。

　土地所有者（個人）にとっては，借地人から受け取った権利金が，土地の時価の2分の1を超える場合には譲渡所得（資産の譲渡）と

なり，2分の1以下である場合には不動産所得となる（所令79①）。

　一方，権利金その他一時金を授受する慣行がある地域にも関わらず，賃貸借契約の締結時に権利金の授受が行われないことがある。例えば，土地の所有者と借地人が親族であったり，土地を自らが経営している同族法人へ賃貸したりする場合である[9]。

　そのような場合には，土地の所有者から借地人に対して権利金相当額の贈与があったものとして，借地人に課税がなされることになる[10]。いわゆる権利金の認定課税である。

② 相当の地代通達

　ただし，権利金の支払に代えて相当の地代が支払われている場合には，借地権の価額は零として取り扱われ，権利金の認定課税は行われないこととなる。

　相当の地代とは，その土地の更地価額の概ね年6％相当額をいう[11]。相当の地代の授受により権利金の授受に代えることを認めているのは，更地の時価に比べて十分な利回り採算がとれるほど高い地代のとれる土地は，借地権の設定によりその経済的価値が下落

---

[9] 　現存する第三者間での借地権は，多くが戦前戦後から発生しているものであり，当時権利金その他一時金の授受が行われたかどうかわからないケースがほとんどである。

[10] 　地主が個人か法人か，借地人が個人か法人かで課税関係が異なるため注意が必要である。

　そこでは権利金を支払うべき借地人が利益を受けているため，(イ)個人間の場合は借主個人に贈与税の課税が生じる。(ロ)地主個人で借主法人の場合，借主法人に法人税（受贈益）がかかる。(ハ)地主法人で借主個人の場合は，地主法人は権利金相当額を借地人に贈与（寄附金や給与）したものとし，借主個人には所得税（一時所得や給与）がかかる。

＜権利金認定の課税関係＞

地主		借地人			
		個人		法人	
	個人	なし	贈与税	なし	法人税
	法人	法人税	所得税	法人税	法人税

しないという考え方による*12。土地所有者においては土地を更地のまま評価し，逆に借地人においては，借地権価額が零又は無視してもよい程度に低いものと考えられている。

なお，当事者のどちらか一方，又はその両方が法人の場合，所轄税務署に「土地の無償返還に関する届出書」の提出がある場合にも借地権の価額は零として取り扱われ，権利金の認定課税は行われないこととなる*13。

(2) 借地権異動時の取扱い

次に，借地権の譲渡や相続，贈与といった異動があった場合の取扱いである。

前述のとおり，権利金その他一時金を授受する慣行がある地域においては，賃貸借契約の締結時に権利金を授受することによって借地権が発生しているものと考える。これは，実際に権利金の授受がなく，また，権利金の認定課税が行われていなかったとしても，権利金の認定課税が行われていたものとして取扱う。

そこで，図表－3の借地人・乙が，土地所有者の承諾の下で建物及び借地権を譲渡したとする（図表－3の②－1）。

乙は，契約の締結時に権利金を支払っていることから，丙に売却する際には，建物の売買代金に加えて，権利金相当額の借地権の対価を得たいと考える。そのとき，借地権の対価は乙の譲渡収入となり，借地権設定時に支払った権利金は取得価額として譲渡益が計算される。また，借地権の売却にあたって乙が土地所有者に譲渡承諾

---

*11　個別通達「相当の地代を支払っている場合等の借地権等についての相続税及び贈与税の取扱いについて（昭和60年6月5日）」
　　　なお，法人税の個別通達「法人税の借地権課税における相当の地代の取扱いについて（平成元年3月30日）」において，平成元年に，当分の間年8％から年6％に引き下げられたのに関連して，前出の相続税通達も同年に年8％から年6％に引き下げられている。
*12　昭和57年3月18日裁決〔裁決事例集23巻180頁〕
*13　個別通達・前掲*11

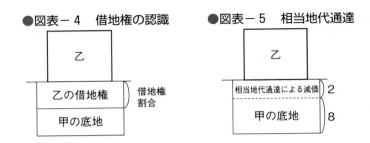

●図表－4 借地権の認識

●図表－5 相当地代通達

料を支払った場合は，譲渡経費として差し引かれる。

　一方，借地人に相続があった場合である（図表－3の②－2）。

　借地人の相続があった場合は，借地権が相続財産となり，土地所有者に相続があった場合には，その土地の評価は自用地価額から借地権価額を控除して評価する（評価通達25）。そのとき，借地権の価額は，その地域の借地権の売買実例価額，精通者意見価格，地代の額等を基として国税局長が定める借地権割合によって評価される（同27。図表－4）。

　ただし，権利金の支払に代えて相当の地代が支払われている場合や，当事者のいずれかが法人で，所轄税務署に「土地の無償返還に関する届出書」の提出がある場合には，借地人に相続があった場合には借地権の価額は零として取り扱う。一方の土地所有者に相続があった場合には自用地価額から20％相当額を減額して評価する（図表－5）*14*15。

(3)　借地権消滅時の取扱い

　土地の賃貸借契約の期間が満了した場合，借地人が借地を返還することで賃貸借契約は終了する。

　その際，税務上は，それまで財産権としての借地権の存在を認識していることから，土地所有者が借地人に対して立退料等を支払っ

---

*14　個別通達・前掲*11

て借地権の有償返還を受けることが前提とされている。借地人が土地所有者から立退料といった金銭を受領した場合，その金銭が借地権の消滅の対価と認められるときには借地人の譲渡収入となる*16。

　一方，借地権が認識されている中で，借地人が対価を取得せずに土地所有者に無償返還した場合には，その借地権を土地所有者に贈与したことになる*17。

　ただし，権利金の支払に代えて相当の地代が支払われている場合や，当事者のいずれかが法人で，所轄税務署に「土地の無償返還に関する届出書」の提出がある場合には，借地権の価額は零とされることから，借地人が土地所有者に借地を無償で返還しても課税関係は生じない。

(4)　小　　　括

---

*15　実務上，土地所有者又は借地人に相続が発生した際，土地の賃貸借契約の締結時に権利金の授受があったか否か不明であり，かつ，相当の地代の収受はなく，土地の無償返還に関する届出も提出していない場面に直面することがある。

　このような場合の対応としては，以下の2つが考えられる。

(イ)　借地権を認識する

　賃貸借契約の締結時に権利金の認定課税が行われたものとして取扱い，借地人においては借地権を認識し，土地所有者においては借地権価額を控除して評価する。

　なお，このような場合には，賃貸借契約の設定時に遡って権利金の認定課税が行われることとなり，また，賃貸借契約の終了時にも借地権が財産的価値を有しているものとして取り扱う。

(ロ)　借地権を認識しない

　この時点で「土地の無償返還に関する届出書」を提出する（無償返還の届け出は遅滞なく提出するものとされている（法基通13－1－7））。その場合，借地人においては借地権価額を零とし，底地の評価においては，借地権割合に代えて2割の減価を行う。

*16　現実には，民法の法定更新が適用されることから，借地契約の更新が半永久的に行われている。

　そこで，土地所有者又は借地権者が借地の解消を希望する場合，土地所有者が借地人に立退料を支払って借地権を買い取ったり，借地人が土地所有者より底地を買い取ったりする（借地人が借地権の解消を希望する場合，借地権を例えば地価の2割や3割といった低い価額で売却し，土地所有者が借地権の解消を希望する場合，借地権を例えば地価の7割や8割といった高い価額で買い取る傾向にある）。

土地の賃貸借において，借地人により土地上に建物が建てられている場合には，原則として借地権が発生しているものとする。

　なぜなら，その建物に法定更新や正当事由，地代が制限される借地借家法の適用がなされ，また，（権利金その他一時金を授受する慣行がある地域においては）賃貸借の契約時に権利金の授受が行われているからである。

　そして，税務上，土地の賃貸借契約の締結時に借地権が発生し，途中で譲渡や相続，贈与があった際には借地権があるものとして取り扱い，賃貸借契約の終了時には借地権があるものとして有償返還

＊17　借地権の無償返還が行われた場合，借地権の発生時と同様，地主が個人か法人か，借地人が個人か法人かで課税関係が異なるため注意が必要である。
　　そこでは立退料を支払うべき土地の所有者が利益を受けているため，
　⑷　個人間の場合は土地所有者に原則として贈与税がかかる。ただし，下記⑴から⑶の理由により借地権の無償返還を受けた場合には課税はない。
　㋺　地主個人で借主法人の場合は，借主法人は通常収受すべき権利金相当額を地主に贈与（寄付金や給与）したことになり，貸主個人には所得税（一時所得や給与）がかかる。
　㋩　地主法人，借主個人のときには，借主個人は，法人に対し資産を譲渡したことになるため，借地権を時価で譲渡したものとみなして譲渡所得税がかかる（所法59）。
　　その際，次に掲げるような理由により借地の返還が行われた場合には，時価により譲渡があったものとはみなされないものとされている（所基通59−5）。
　⑴　借地権等の設定に係る契約書において，将来借地を無償で返還することが定められていること。
　⑵　当該土地の使用の目的が，単に物品置場，駐車場等として土地を更地のまま使用し，又は仮営業所，仮店舗等の簡易な建物の敷地として使用していたものであること。
　⑶　借地上の建物が著しく老朽化したことその他これに類する事由により，借地権が消滅し，又はこれを存続させることが困難であると認められる事情が生じたこと。

＜無償返還時の課税関係＞

地主 \ 借地人		個人		法人	
個人		贈与税	なし	所得税	法人税
法人		なし	所得税	なし	法人税

が行われることを前提としている。

　ただし，例外として，相当の地代の収受や「土地の無償返還に関する届出」の提出があるなど，当事者間で借地権を認識しないものは，異動の時点でも借地権を認識せず，また，賃貸借契約の終了時においても無償返還が前提となる。

　財産評価において，最も借地権が論点となるケースは土地の所有者の相続の場面である。賃貸されている土地の評価にあたっては，借地権を認識することにより5割〜7割などの減価がなされる。

　したがって，その土地に借地権が発生しているのか否か，契約書や賃貸借の経緯，現地の状況を確認するなどして慎重な判断を行う必要がある。

3　権利の区分

(1)　権利の区分

　他者に貸し付けられている土地を相続した場合や贈与された場合，その貸地（底地）の評価にあたっては，借地人にどのような権利が発生しているのかが重要なポイントとなる。

　その賃貸借が地上権の設定契約であれば地上権価額を控除し，賃借権の設定契約であれば賃借権価額を控除する。その借地契約が建物所有を目的としたものであれば借地権価額を控除することになり，それぞれ税務上の価額が大きく異なる。これらの判断ポイントをフローチャートにまとめたものが図表－6である。

　まず，その貸借が使用貸借である場合には，借地人の使用借権はゼロとなり，自用地として評価される。

　借地権の評価は，借地権の売買実例価額，精通者意見価格及び地代の額等を基とし，借地事情が似ている地域ごとに国税局長が定めている借地権割合（自用地価額の30％〜90％の範囲であり，一般に

●図表－6　権利の区分

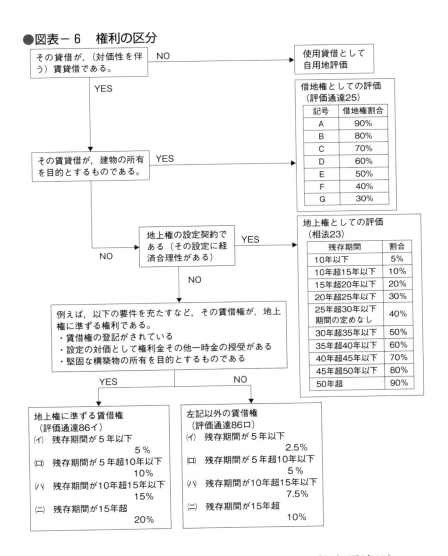

50～60％，都心で70～80％などとなる）による（評価通達25）。

　地上権及び賃借権の評価は，課税時期における賃貸借契約の残存期間に応じて，地上権は自用地価額の5％～90％の範囲となり（相法23），賃借権は自用地価額の2.5％から20％の範囲となる（評価通達86，87）。

賃借権は，さらに「地上権に準ずる賃借権」と「地上権に準ずる賃借権以外の賃借権」に分かれ，後者の価額は前者の価額の2分の1により評価される。

　したがって，貸地の評価にあたっては，どの権利が発生しているのかを適正に区分する必要がある。

(2)　借地権か賃借権か

①　借地使用の主たる目的は何か

　土地の賃貸借が，借地借家法に規定する建物の所有を主たる目的とするものである場合，借地人に発生する権利は借地権に区分される*18。

　一方，借地人がその地上に建物を建築し所有していたとしても，それが借地使用の主たる目的ではなく，その従たる目的にすぎないときは，「建物の所有を目的とする」ものに該当せずに地上権または賃借権に区分される。

　そこで，借地使用の主たる目的が，建物所有にあるのか否かがポイントとなる。

　なお，借地使用の目的を判断するに当たっては，賃貸借契約書があれば判断の有力な資料となるが，賃貸借契約書の文言にのみ捉われず，実際の使用状況，建物の種類などにより客観的に判断すべきものと解されている。

②　建物所有を主たる目的とするケース

　「建物の所有を目的とする」とは，借地使用の主たる目的がその地上に建物を建築し，これを所有することをいう。

---

*18　借地権が発生しているか否かは，(イ)賃貸借が建物所有を目的としたものであるか，(ロ)権利金その他一時金を授受する慣行がある地域において，権利金の授受がなされているかといった点を総合的に勘案する。ただし，実際に権利金の授受が不明な場合には授受されているものとして取り扱われるため，ここでは，借地契約の主たる目的が建物所有であるか否かがポイントとなる。

●図表－7　店舗と駐車場

店舗

駐車場

　例えば，借地人がその土地をスーパーやコンビニ，パチンコ店，飲食店といった店舗とその駐車場として利用していたとする（図表－7）。

　店舗（宅地）と駐車場（雑種地）のどちらが主たる目的であるのかといえば，当然にその駐車場は，店舗を利用するために必要な土地であるため，店舗の所有が主たる目的となる。

　このような場合には，宅地と駐車場の評価単位も原則として一つの宅地として取り扱い，借地権も建物の敷地部分のみならず，駐車場部分に及ぶことになる。

　なお，借地権がどこまで及ぶのかについては，借地契約の内容，例えば，権利金や地代の算定根拠，土地利用の制限等に基づいて判定することが合理的であると考えられている＊19。

　例えば，㋑賃貸借契約の内容が，店舗の敷地と駐車場として使用することを目的としているか，㋺地代の金額が宅地と駐車場を一体として算定されているか，㋩駐車場は単独で効用を果たすものではなく，店舗に接続し，専ら店舗の営業に便益を与え，かつ，その効用を果たすために必要とされるものであるかといった点がポイントとなる。

③　雑種地としての利用を主たる目的とするケース

　一方，借地上に建物が建っていたとしても，借地使用の主たる目

＊19　国税庁質疑応答事例「借地権の及ぶ範囲」

●図表－8　雑種地としての利用

的が雑種地である場合は，建物の所有を目的とする賃貸借に該当しない。

　例えば，借地人がその土地をゴルフ練習場として利用（経営）していたとする（図表－8）。ゴルフ練習場にはクラブハウス（建物）があるが，その主たる目的はゴルフの練習場（雑種地）にあるため，雑種地としての利用が主たる目的となる。

　バッティングセンターの建物とグラウンド（雑種地），中古車展示場の事務所と自動車展示スペースも同様である。

　このような場合には，宅地と雑種地の評価単位も原則として一つの雑種地として取り扱い，建物の敷地部分も含めて賃借権が発生しているものと考える。

　なお，賃借権の評価は，例えば，登記の有無や権利金の多寡，現実の利用状況等によって，(イ)地上権に準ずる賃借権と(ロ)地上権に準ずる賃借権以外の賃借権の2種類に分けられる（図表－9）。

(イ)　地上権に準ずる賃借権

●図表－9　賃借権の区分

賃借権 ┬ イ. 地上権に準ずる賃借権……例えば
　　　　│　　　　　　　　　・賃借権の登記がされているもの
　　　　│　　　　　　　　　・権利金その他の一時金の収受がある
　　　　│　　　　　　　　　・堅固な建物の所有目的
　　　　│
　　　　└ ロ. 地上権に準ずる賃借権……イに該当する賃借権以外のもの
　　　　　　　　以外の賃借権

地上権に準ずる権利として評価することが相当と認められる賃借権とは，例えば，賃借権の登記がされているもの，設定の対価として権利金その他の一時金の授受のあるもの，堅固な構築物の所有を目的とするものをいう。

　これらは例示であるため，全てを満たしていなければ地上権に準ずる賃借権に該当しないということではない。一般的に賃借権の登記がされているものや権利金その他の一時金の収受があるものはほとんどないことから，判断ポイントとなるのが「堅固な構築物」か否かである。

　この「堅固な構築物」とは，一般に，その建築物の建設及び撤去に相当の期間を要し，また，賃借権の存続期間も地上権の存続期間に準ずる相当の期間が想定されるような構築物をいうものと解されている[20]。

　例えば，バッティングセンターの構築物は，周囲に鉄製支柱が立てられ，上面及び側面をビニールネットで覆われており，待合フロアー側に打撃席，対面側に投球用機械が設置されている。このようなものが堅固な構築物に該当する[21]。

(ロ)　地上権に準ずる賃借権以外の賃借権

　地上権に準ずる賃借権以外の賃借権としては，例えば，賃借権の登記がないものや，権利金その他の一時金の授受がないもの，堅固な構築物でないものをいう。

　典型的な例は，アスファルト舗装がなされた資材置場である。アスファルト舗装は，容易に設定し取り壊すことができること，減価償却資産の耐用年数省令においても耐用年数は10年とされていることなどから，堅固な構築物とは認められないとされている[22]。

---

[20]　平成18年10月10日裁決〔TAINS・Ｆ０－３－152〕参照
[21]　平成12年６月27日裁決〔裁決事例集59巻332頁〕参照
[22]　平成11年３月18日裁決〔TAINS・Ｆ０－３－294〕，平成18年５月８日裁決〔裁決事例集71巻533頁〕参照

また，平成18年10月10日裁決〔TAINS・Ｆ０－３－152〕においては，コイン洗車場について，契約上，土地上の設置物が土地の原状回復を前提とした物であって堅固な構築物の所有を目的としたものではないこと，実際に設置されている設備も比較的容易に設置及び撤去ができるものであること，減価償却資産の耐用年数等に関する省令に規定する洗車業用設備の耐用年数が10年であることからも堅固な構築物であるとは認められないとされている。

　平成17年５月17日裁決〔裁決事例集69巻264頁〕においては，中古車展示場用地について，借地上（地積684.29㎡）にある中古車センターの事務所等（敷地面積75.46㎡）は，あくまでも評価対象地の一部を占めるにすぎず，大部分は自動車展示場及び進入路として利用されていることなどから，建物の所有を主たる目的とするものとは認められないとされている。

　土地上の建物が，簡易型プレハブ倉庫でボルトによって緊結されたものであり，容易に解体撤去が可能であるものも同様である[23]。

　したがって，貸し付けられている雑種地（賃借権）の評価は，借地人によって，容易に設置及び撤去ができない堅固な構築物の敷地として利用されているか否かによって減価割合が異なることになる。

(3)　地上権か賃借権か

　これまで述べてきたものは，建物所有かそれ以外かであるが，建物所有を目的とするものではない場合に発生する権利が，地上権または賃借権となる。

　物権としての地上権は，土地所有者の承諾を得ることなく建築物の売買や担保設定が自由にできることに対し，債権としての賃借権は土地所有者の承諾なくして建築物の建替えや売却ができない。そのため，地上権の設定された底地の評価は，賃借権の設定された底

---

[23]　平成22年11月24日裁決〔TAINS・Ｆ０－３－268〕参照

地の評価に比べて低くなり，また，賃貸期間が長ければ長いほど減価割合が大きくなる。

　例えば，被相続人と同族会社との間で長期間にわたる地上権設定契約を結び，相続を迎えると，その底地の評価にあたっては，自用地価額から90％の減価をすることも可能となる。

　そこで，被相続人と同族会社との間で地上権を設定することに経済合理性がなく，この評価差を利用して不当に相続税を減少させる結果となる場合には，同族会社の行為計算の否認（相法64）により，地上権としての評価を賃借権としての評価に引き直すことができるとされている。

　大阪地裁平成15年7月30日判決〔税務訴訟資料253号順号9402〕は，被相続人所有の土地において，同族会社との間で存続期間60年の地上権設定契約を締結し，同族会社が営む立体駐車場の敷地として使用されていた事例である。

　本件土地の底地評価にあたって，原告（相続人）は，被相続人と借地人との間で地上権設定契約が結ばれていることから地上権割合90％（残存期間50年超）を控除すべきであると主張し，被告（税務署長）は，相続税法64条1項《同族会社の行為計算の否認》に基づいて地上権を否認し，賃借権が設定されている状態を想定した上で，権利金の収受に代えて相当の地代が支払われていることから，相当地代通達6(1)に準じて20％控除して評価すべきであると主張した。

　判決においては，本件地上権設定契約は，その締結当時において被相続人が95歳という老齢であったにもかかわらず，60年という長期の存続期間を定めて締結されたものであり，かつ，他人の土地に利用権を設定する場合は，賃借権の形態で行われるのが通常であるのに，あえて用益物権である地上権を設定するという異例の形態が採られていること，本件土地はその形状からして利用価値が高いものと認められ，かかる土地上に，建設費用及び撤去費用がかさむ堅固な2階建ての駐車場を設置していること，法人の累積損失が2,889

万3,554円と多大なものになっていることなどの事実を総合勘案するならば，経済的・実質的にみて明らかに不自然・不合理なものであって，およそ通常利害を異にする経済人同士の当事者間であればとうてい行われなかったものと判断されている。

そして，相続税法64条1項《同族会社の行為計算の否認》を適用して同族会社が被相続人との間で締結した地上権設定行為を否認することができるとし，評価についても課税庁の主張を認めている*24。

(4) 賃貸借か使用貸借か

① 使用貸借とされた事例

さて，そもそも貸地は賃貸借であれば権利の区分に応じて減価されるが，使用貸借であれば自用地となって減価されない*25。

そこで，借地人が固定資産税相当額の地代を支払っていたり，また，それを上回る地代を支払っていたりするケースについて，賃貸借なのか使用貸借なのかが争点となる場合がある。

土地の貸借が賃貸借あるいは使用貸借のいずれであるかは，目的物の使用及び収益に対価を伴うか否かによって区別される。交付された現金等がある場合にそれが対価性を有するか否かは，その契約

---

*24 同様の事例として大阪地裁平成12年5月12日判決〔税務訴訟資料247号607頁〕がある。

*25 賃貸借は，一方の当事者が相手方にある物を使用及び収益させることを約し，相手方がこれに対して賃料を支払うことを約することによって成立する（民法601）。

これに対し，使用貸借は，貸主が借主に無償で目的物を使用及び収益させる債務を負い，借主がそれに対応する使用収益権を無償で取得し，使用及び収益後，目的物を返還するという内容の合意が成立し，かつ，目的物が貸主より借主に引き渡されることにより成立する（民法593）。

使用貸借による土地の使用権は，賃貸借に基づく借地権のように法律上の手厚い保護を与えられておらず，また，当事者間の好意・信頼関係等にその基盤を持ち，通常，正常な経済取引になじまないものであるから，権利性が極めて弱く，借地権のように客観的な交換価値を有するものと見ることが困難と解されている（静岡地裁平成1年6月9日判決〔税務訴訟資料170号698頁〕，大阪地裁平成4年9月22日判決〔税務訴訟資料192号490頁〕，東京地裁平成8年1月26日判決〔税務訴訟資料215号93頁〕）。

における権利金の有無，支払地代の水準，貸主と借主との関係及び
その契約の経緯や趣旨を総合的に考慮して，当事者の主観的意思に
とらわれることなく客観的に判断すべきものと解されている。

　例えば，借地人が借用物件たる土地の公租公課（固定資産税や都
市計画税）を負担する程度のものは使用貸借であると解されている
が，公租公課を上回る金額の授受があれば，直ちにその土地の貸借
関係が賃貸借となるものでもない*26。

　平成13年9月27日裁決〔裁決事例集62巻366頁〕においては，被
相続人の土地上に相続人名義の家屋が建っているケースについて，
借地権が存在するか否かが争われている。

　相続人は，被相続人の土地上に自宅を新築し，その際に賃貸借契
約を締結した。地代は，固定資産税等相当額を上回る金額であり，
被相続人は所得税において不動産収入として確定申告していた。

　そのため相続人（審査請求人）は，土地の評価に当たっては借地
権を控除すべきと主張し，原処分庁は，本件地代の年額が，昭和63
年で固定資産税及び都市計画税の1.54倍，平成3年で1.57倍にすぎ
ないことなどから，被相続人と相続人の賃貸関係は，使用貸借であ
ると主張した。

　裁決は，本件土地の利用関係は，権利金の授受がないこと，地代
の額が近隣の相場の半分以下であること，被相続人からその相続人
に対して地代の額を上回る相当額の生活費の支払や現金の贈与がな
されていることなどから，親子という特殊関係に基づく使用貸借で
あって，賃貸借ではないと判断している。

　また，平成8年3月29日裁決〔裁決事例集51巻601頁〕において
は，相続人が被相続人の土地を使用して建物を建築し，貸家の用に
供していた。

　相続人は，地代として固定資産税等の1.7倍以上に当たる金員を

---

*26　平成8年3月29日裁決〔裁決事例集51巻601頁〕，平成13年9月27日裁決〔裁決
　　事例集62巻366頁〕参照

支払っていることから，貸借関係は賃貸借であると主張し，原処分庁は，相続人が負担した固定資産税等は扶養義務の履行の範囲内であって，相続人が使用する権原は使用貸借に基づくものであるから，相続税及び贈与税の課税上，当該使用権の価値はないものとすべきと主張した。

　裁決は，相続人が支払っている地代は固定資産税を負担したにすぎないこと，相続人が当該金額を所得税の不動産所得の固定資産税として計上していること，賃貸借契約書などを作成していないことなどから賃貸借とはいえず，使用貸借であると認めることが相当と判断している。

② 　賃貸借とされた事例

　一方，親族間であっても，(イ)賃貸借契約書が交わされ，(ロ)適正な賃料が支払われ，(ハ)支払われた賃料が貸主の賃料収入，借主の必要経費として毎年確定申告されているような場合には，借地権の存在が認められる*27*28。

　下記の事例は，被相続人が借地人としての立場によるものであるが，被相続人が賃借していた土地に借地権が発生して相続財産となるのか否かが争われている*29。

　神戸地裁平成12年 9 月29日判決〔税務訴訟資料248号1062頁〕においては，被相続人が相続人の土地上に建物を建築し，同族会社に賃貸している場合に，借地権が存在するか否かが争われている。

　判決は，被相続人（借地人）は建物を建築し所有権保存登記をしていること，相続人が地代を所得税の不動産所得の収入金額に計上

---

*27　昭和57年 3 月18日裁決〔裁決事例集23巻180頁〕，東京地裁平成 3 年 7 月16日判決〔税務訴訟資料186号247頁〕参照
*28　そこでは，貸借の開始時に権利金，貸借の終了時に立退料の収受が行われることが前提となる（権利金の収受が行われていない場合には，権利金の認定課税が行われているものとして取り扱われる）。
*29　そのため，相続人は使用貸借であり借地権は発生しないと主張し，課税庁は借地人に借地権があると主張する。

していること，賃料額が固定資産税額の10倍前後であることなどから親子間の賃借とはいえ使用貸借ではありえず，被相続人は借地権を有していると判断している＊30。

　また，平成14年9月5日裁決〔TAINS・F0－3－094〕において，被相続人は土地を賃借して建物を建て居住の用に供していたことに対し，裁決は，本件の賃貸借が建物の所有を目的とする契約であること，地代を支払っており，その額も固定資産税等の額の2倍程度と低廉とはいえないこと，相続人らの作成した遺産分割協議書には借地権の記載があり借地権の存在を認識していることなどから，被相続人と賃貸人との貸借契約を使用貸借と解することはできず，賃貸借と解すべきであると判断している。

③　小　　　括

　被相続人が土地を賃借している際に地代の授受がある場合，借地権を認識すべきか否かは，その地代に対価性を有するか，具体的には，権利金の有無，支払地代の水準，貸主と借主との関係及びその契約の経緯や趣旨を総合的に考慮して判断される。

　前述の事例では，固定資産税の1.5倍や1.7倍では公租公課を負担したに過ぎないとされる一方，固定資産税の2倍は低額な地代とは言えないとされているが，土地の公租公課を何倍上回る金額の授受があれば，その貸借関係が賃貸借となるものでもない。ただし，賃貸借となるためには，少なくともその地域の適正賃料が収受され，貸主の賃料収入，借主の必要経費として毎年確定申告されていることが必要である。

4　権利による減価が認められない場合

＊30　なお，支払われる地代の額が相当の地代に当たる場合には，結果として借地人（被相続人）の借地権の価額は零円となる。

(1) 借地権に経済的価値が認められない場合

　借地権は，賃貸借契約の締結に際し権利金の支払慣行がある場合や，権利金の支払慣行がない場合であっても，借地権の売買が行われたり，借地権の返還を受けたりする際にいわゆる立退料が支払われる慣行があるような場合において認識されている。

　ただし，借地権の経済的価値の有無は，契約の内容により賃貸借契約書の文言に捉われるべきではなく，実際の使用状況，建物の種類等により客観的に判断すべきものと解されていることから，賃貸借契約を交わしていれば全てに経済的価値が認められるわけではない。

　例えば，権利金等の一時金の授受がなく，以下のような場合である。

(イ)　一時使用のための借地権の場合

　土地の賃貸借が，例えば，建設現場や博覧会場，一時的興行場等といったように臨時的な設備を所有することを目的とするいわゆる一時使用のためのものである場合がある。

　そのようなケースにおいては，存続期間及びその更新，建物買取請求，借地条件の変更，増改築などについて，借地借家法の適用がなく，期間の満了とともに消滅することとされており，他の法定更新される借地権に比較しその権利は著しく弱いということがいえる。

　したがって，通常の借地権の価額と同様にその借地権の所在する地域について定められた借地権割合を自用地価額に乗じて評価することは適当でないことから，雑種地の賃借権の評価方法に準じて評価する＊31。

(ロ)　賃貸人が賃借人に対していつでも底地の買取請求ができるような旨が契約書に定められている場合

＊31　国税庁質疑応答事例「一時使用のための借地権の評価」

例えば，土地を地方公共団体に貸し付けているようなケースにおいて，契約上，土地所有者が借地人に対して時価で買取請求をすることができるケースがある。

平成23年11月17日裁決〔裁決事例集85巻367頁〕においては，土地所有者及び借地人は賃貸借契約の中で，賃貸借契約の期間中であっても，更地時価で買取請求をすることができるとされていた。

このような契約に対し，裁決は，賃貸人及び借地人（A市）は，本件賃貸借契約において，借地権の経済的価値を認識しない旨を定めたものであり，本件土地を借地人が買い取る場合には，当初から借地権の存在を考慮しない更地価格での買取りを予定していたと認めるのが相当であるから，借地権相当額を減額すべき事由はないとして自用地として評価するのが相当と判断している。

(2) 賃借権の控除も認められない場合

土地の賃貸借に借地権が発生していない場合には，賃借権が発生しているものと考えられるが，賃借権もすべてにおいて控除が認められるわけではない。

例えば，臨時的な使用に係る賃借権及び賃貸借期間が1年以下の賃借権（賃貸借契約の更新が見込まれるものを除く）については，その経済的価値が極めて小さいものと考えられることから，自用地として評価することとされている*32。

東京地裁平成8年1月26日判決〔税務訴訟資料215号93頁〕においては，賃貸借契約書における使用目的が臨時の自動車古タイヤ置場（廃品）に限定され，賃貸借期間は6か月間で，自動更新の定めがない場合に賃借権の控除が認められるか否かが争われている。

判決は，賃貸借契約書によると，その使用目的は臨時の自動車古タイヤ置場（廃品）に限定され，一時使用を目的とするもので借地

---

*32　国税庁質疑応答事例「臨時的な使用に係る賃借権の評価」

法の規制を受けるものでないこと，期間は6ヶ月間で，更新はその都度取り決めるものと約定されていること，借地上には，建物は建設されておらず，駐車場として利用されていたことから，本件土地の賃貸借は，建物の所有を目的とするものでないことは明らかであるから借地権に該当しないというべきであるし，また，契約期間も僅か6ヶ月にすぎず，その自動更新の定めもないことからすれば，自用地としての価額を評価することは相当と判示している。

5　本章のまとめ

　貸地の評価にあたっては，借地使用の主たる目的が建物であれば借地権が控除される一方，借地使用の主たる目的が建物ではない場合は，地上権又は賃借権が控除される（賃借権は，借地上の構築物が堅固なものであるか否かにより，さらに2つに区分される）。

　また，地代の収受があったとしてもその地代に対価性があれば賃貸借となるが，対価性のない場合には，使用貸借として自用地として評価される。

　なお，建物所有を目的とした賃貸借であっても，借地権に経済的価値がない場合（例えば，一時使用のための借地権や借地人に借地借家法の保護が認められない場合）においては，借地権の価額を認識しない。

　これらの区分は，賃貸借契約書があれば有力な資料となるが，賃貸借契約書の文言にとらわれることなく*33，実際の使用状況や建物の種類などの現況，権利金の有無，支払地代の水準，貸主と借主との関係，契約の経緯や趣旨を確認の上，評価担当者が適正に判断しなければならない。

---

*33　例えば，契約書が「土地一時使用賃貸借契約書」と題するものであっても借地権を認識するケースもあれば，建物所有を目的とした賃貸借契約書であっても借地権を認識しないケースもある。

第 7 章
貸家建付地

1 貸家建付地の評価

　本章においては，被相続人や贈与者が所有している土地及び家屋をマンションやアパート，商業ビルとして賃貸している場合の貸家建付地の評価について確認しておきたい。

(1)　評価の方式

　所有する土地の上にある家屋を他に貸し付けている場合，その土地のことを財産評価基本通達では「貸家建付地」という。

　ここでは，家屋を借りている側（借家人）は，家屋に対する権利を有するほか，その家屋の敷地についても，家屋の利用の範囲内で支配権を有していると考えられている。

　また，貸主側においても土地の利用についての受忍義務を負うことになっているため，実際に貸主が，借家人の有する支配権を消滅させるためには，いわゆる立退料などの支払いを必要とする場合もあり，また，その支配権が付着したままの状態でその土地を譲渡するとした場合にはその支配権が付着していないとした場合における価額より低い価額でしか譲渡できないと考えられている。

　そこで，貸家の敷地としての貸家建付地は，次の算式のとおり，その宅地の自用地としての価額から，その宅地に係る借地権割合とその貸家に係る借家権割合との相乗積を乗じて計算した価額を控除して評価することとされている（評価通達26）。

（算式）

$$\substack{\text{貸家建付} \\ \text{地の価額}} = \substack{\text{自用地とし} \\ \text{ての価額}} - \substack{\text{自用地とし} \\ \text{ての価額}} \times \substack{\text{借地権} \\ \text{割合}} \times \substack{\text{借家権} \\ \text{割合}} \times \substack{\text{賃貸} \\ \text{割合}}$$

$$\begin{array}{ccc} \text{貸 家} & & \text{自用の家} & & \text{自用の家} & & \text{借家権} & & \text{賃貸} \\ \text{の価額} & = & \text{屋の価額} & - & \text{屋の価額} & \times & \text{割 合} & \times & \text{割合} \end{array}$$

(2) 戸建ての貸家が空家となっている場合

　貸家建付地における貸家とは，「借家権の目的となっている家屋」をいう。

　その「借家権の目的となっている家屋」とは，現実に貸し付けられている家屋をいい，たとえ，その戸建住宅がもっぱら賃貸用として建築されたものであっても，課税時期（相続又は遺贈の場合は被相続人の死亡の日，贈与の場合は贈与により財産を取得した日）において現実に貸し付けられていない家屋の敷地については，土地に対する制約がなく，貸家建付地としての減価を考慮する必要がないものと解されている[1]。

　したがって，課税時期において空き家となっている戸建住宅の敷地は，自用地として評価される。

　なお，家屋が貸家に該当するか否かは，使用状況が空家であったか否か，賃料支払いがあったか否かにより判断するのではなく，借地借家法の賃貸借契約が継続しているか否か，賃借人による占有の状態が継続しているか否かにより判断されることになる。

　したがって，例えば，賃借人が介護老人施設へ入所しているといったような理由で空家となっており，また，賃料の支払いが確認できていなくても，借地借家法に基づく賃貸借契約が継続していれば貸家であると認定される[2]。

---

[1]　国税庁質疑応答事例「貸家が空き家となっている場合の貸家建付地の評価」
　　相続開始日において空き家となっているプレハブは，現実に貸し付けられていないのであるから，貸家建付地の評価は適用されず，自用地として評価するのが相当であるとされた事例（平成16年1月8日裁決〔TAINS・F0－3－132〕）がある。
[2]　平成21年10月23日裁決〔裁決事例集78巻448頁〕参照

2　共同住宅等の空室の取扱い

(1)　共同住宅等の空室の取扱い

　次に，マンションや商業ビルといったように複数の部屋を有する建物についてである。

　前述の算式中の「賃貸割合」は，その貸家のうち，貸し付けられている分のみを賃貸割合として減価を行うことを表す。例えば，10室のうち貸し付けられている部分が8室であれば，賃貸割合は10分の8となる。

　一般の不動産売買においては，マンションや商業ビルといった収益物件は，収益性の観点から，満室であるほど価値が高く，空室が多いほど価値は低い。

　一方，税務においては，原則として，その貸し付けられていない部分に対応する敷地については，減価を行わないこととなる。つまり，空室が多いほど価額は高くなる。

　なぜなら，相続税法に定める「時価」とは，相続等により取得したとみなされた財産の取得日において，不特定多数の当事者間において自由な取引がされた場合に通常成立すると認められる価額をいい，課税時期において，いまだ賃貸されていない部屋が存在する場合には，当該部屋の客観的交換価値はそれが借家権の目的となっていないものとして評価すべきものと解されているからである*3。

(2)　賃 貸 割 合

　なお，「賃貸割合」は，貸家の各独立部分*4がある場合に，その各独立部分の賃貸状況に基づいて，次の算式により計算した割合を

＊3　横浜地裁平成7年7月19日判決〔税務訴訟資料213号134頁〕
＊4　「各独立部分」とは，構造上区分された数個の部分の各部分をいう。

いう。

（算式）

$$
\text{賃貸} \atop \text{割合} = \frac{\text{Aのうち課税時期において賃貸されて}\atop \text{いる各独立部分の床面積の合計(B)}}{\text{その貸家の各独立部分の床面積の}\atop \text{合計(A)}}
$$

　この「賃貸割合」は，平成11（1999）年の財産評価基本通達の改正により追記されている。

　改正前においては，入居者の入れ替わり等でたまたま一時的に賃貸されていなかった空室について，自用地として評価する方法と貸家建付地として評価する方法の見解が分かれていた。

　そこで，横浜地裁平成7年7月19日判決〔税務訴訟資料213号134頁〕において，マンションの空室部分が自用地か貸家建付地かが争われている。

　本件建物については，相続開始日（昭和61年8月25日）において21室のうち17室が空室となっていた。

　原告（相続人）は，(イ)建築費用を借り受けた住宅金融公庫により管理されて賃貸目的以外の用に供することができないこと，(ロ)不動産業者との間で賃借人募集の委託契約を締結し，募集は既に開始されており，相続人は一方的に解約することはできないこと，(ハ)昭和63年3月には，一室を残してすべて賃借されていること，(ニ)本件建物全体を売買目的のものに変更するには，多額の費用と労力を要すること，(ホ)相続した賃貸用マンションは貸家用に建てられたものであること等から，その敷地の全部を貸家建付地として評価すべきであると主張した。

　これに対し被告（税務署長）は，相続開始時において賃貸されていたのは，21室のうち4室であり，17室についてはいまだ賃貸には供されていなかったのであるから，21室のうち4室のみが借家権の目的となっているものと主張した。

判決は，相続開始時点において，４室以外は借家権の目的となっていない以上，残りの17室の相続開始時点における客観的交換価値は借家権のないものと認めざるを得ないのであり，これが住宅金融公庫や不動産業者等との契約の内容及び相続開始時点の後に生じた事情等により左右されるとはいえないと判示している。

　そして，本件は，最高裁まで行われたが，三審ともにマンションの空室に対応する部分については自用地としての評価が行われている[5]。

　その後，平成11年改正により，新たに「賃貸割合」という概念が採用され，アパート等で課税時期において空室である部分については，原則として，自用地として評価することとされた。

(3) 「一時的な空室」の判断基準

　なお，アパート等においては，課税時期にたまたま一時的に空室が生じていることもある。

　アパート等が継続的に賃貸されていた場合に，原則どおり賃貸割合を算出し，空室を自用地として評価することは，前述のとおり不動産の取引実態等に照らし，必ずしも実情に即したものとはいえないこととなる。

　そこで，継続的に賃貸されていたアパート等で，例えば，次のような事実関係から一時的に空室となっていたにすぎないと認められるものについては，賃貸されていたものとして取り扱って差し支えないものとされている[6]。

(イ)　各独立部分が課税時期前に継続的に賃貸されてきたものであること

＊5　東京高裁平成８年４月18日判決〔税務訴訟資料216号144頁〕，最高裁平成10年２月26日判決〔税務訴訟資料230号851頁〕

＊6　国税庁質疑応答事例「貸家建付地等の評価における一時的な空室の範囲」，平成13年１月31日裁決〔TAINS・Ｆ０－３－075〕参照

㈹　賃借人の退去後，速やかに賃借人の募集が行われていること

㈻　空室の期間中，他の用途に供されていないこと

㈾　空室の期間が，課税時期の前後の例えば1か月程度であるなど，一時的な期間であること

㈿　課税時期後の賃貸が一時的なものではないこと

(4)　争 訟 事 例

　上記5つの要件のうち最も着目すべき点は「㈾空室の期間が，課税時期の前後の例えば1か月程度」として期間が示されていることである。

　ただし，この期間はあくまでも例示であるため，争訟事例においては，4か月の空室は減価がなされないとするものもあれば，1年以上の空室でも減価がなされるケースがある。

①　空室部分が自用地とされた事例

（i）　平成21年3月25日裁決

　平成21年3月25日裁決〔TAINS・F0－3－229〕は，空室のある共同住宅の敷地の評価が争われた事例である。

　本件貸家の入居状況は，相続の開始日（平成16年7月○日）において，3年半以上空室となっている部屋が5室存在し，空室期間が最も短いものでも1年半空室となっていた。

　その後においても，本件貸家及び本件貸家建付地を譲渡した平成17年3月まで半年以上にわたって貸付けの用に供されることはなかった。

　本件貸家建付地の評価にあたり，審査請求人（相続人）は，課税時期前に継続的に賃貸されてきたものであり，また，賃借人退去後速やかに新たな賃借人の募集を行い，賃料を安くするなど継続して営業努力を行っている等の実態面を考慮して判断すると，「一時的に賃貸されていなかったと認められるもの」に該当するから賃貸割合は100％とすべきであると主張した。

これに対し，裁決は，本件貸家の入居状況は，相続開始日において，３年半以上空室となっている部屋が５室存在し，空室期間が最も短いものでも１年半空室となっていたものであり，その後においても，本件貸家及び本件貸家建付地を譲渡した平成17年３月まで半年以上にわたって貸付けの用に供されることはなかったのであり，このような賃貸状況に照らすと，審査請求人が主張する本件相続の開始前の賃貸状況や，空室期間中の営業努力等を考慮しても，本件貸家の一部が一時的に賃貸されていなかったとは認めることができないと判断している。

(ii)　平成26年４月18日裁決

　また，平成26年４月18日裁決〔裁決事例集95巻339頁〕は，被相続人の所有する14棟の貸家建付地のうち一部が空室となっていた事例である。

　審査請求人は，これらの空室について，一時的に賃貸されていなかったものに該当するから賃貸割合は100％として評価すべきと主張し，原処分庁は，本件空室の期間は最も短い期間でも約４か月であり，いずれも課税時の前後の一時的な期間には該当しないと主張した。

　裁決は，(イ)相続開始日（平成21年８月○日）から数年間が経過した平成25年７月８日時点においてもいまだに賃貸されていない独立部分が複数存在すること，(ロ)相続開始日後に賃貸された独立部分についても，相続開始日前後の空室期間は，最も長いもので８年間，最短のものでも４か月を超える期間に及んでいること，(ハ)相続開始日の数日後である平成21年８月11日に賃貸借契約が締結されている空室についても，相続開始日時点で，すでに７か月以上空室であったのであり，結局，その空室期間は約８か月に及んでいることといったような空室期間等の賃貸の状況に照らしてみれば，本件各家屋の維持管理の状況や賃借人の募集の状況等の諸事情を考慮したとしても，賃貸割合の算出上，各独立部分が「一時的に賃貸されていな

かったと認められるもの」に該当すると認めることはできないと判断している。

② 空室部分が貸家建付地とされた事例

一方，平成20年6月12日裁決〔TAINS・F0-3-296〕においては，全20室のうち4室の空室について，(イ)不動産業者に入居者募集の依頼を行っていること，(ロ)定期的に補修等を施すなど，経常的に賃貸に供する意図が認められること，(ハ)近隣周辺にはマンション等の共同住宅が林立していること，(ニ)被相続人は，相続開始日（非公開）まで継続してマンションを賃貸の用に供し，不動産収入を得ていたことなどから，一時的に空室となっていたにすぎないものであると判断されている。

本件土地は，4階建マンションの敷地であり，相続開始日時点において賃貸されていなかった4室の課税時期における空室期間は，図表-1のとおりである。

●図表-1　課税時期における空室期間

号　室	課税時期における空室期間	再入居時期
202	2か月	平成17年3月
204	1年11か月	平成17年1月
305	5か月	平成18年1月
403	9か月	平成16年12月

また，本件の賃貸状況は以下のとおりである。

・被相続人は，マンションに空室が生じた場合には，速やかに修繕等を行った上で近隣の不動産業者3軒に対して連絡を取っていた。

・不動産業者は，空室になったことの連絡を受け次第，募集広告を行っていた。

・空室が生じている期間，マンションの外周フェンスには不動産業者の連絡先電話番号が常に掲示されていた。

・2軒の不動産業者には空室の鍵を預けており，入居希望者がある

場合には，不動産業者がその都度空室に案内していた。

・マンションは，定期的に外壁塗装や，ポンプ及び湯沸かし器の交換等が行われていた。

・相続開始時には，近隣周辺にマンション等の共同住宅が林立していた。

そこで，審査請求人は，課税時期前後の状況等を総合的に判断し，課税時期において実際に賃貸されていない部分も含めて，その全体が貸家建付地に該当するものであると主張した。

これに対し原処分庁は，空室については，相続開始時点において現実に貸し付けられているものと同視することはできないことから，一時的な空室であったとは認められないと主張した。

裁決は，本件空室が一時的に空室であったか否かについては，本件空室の課税時期における空室期間を捉えて一時的な空室か否かを判断することは相当でなく，いかなる状況下においてかかる空室期間が生じていたか等の諸事情をも総合勘案して判断すべきところ，(イ)相続人は，本件空室について速やかに所要の手当てを施した上で不動産業者に入居者募集の依頼を行っていること，(ロ)築25年の本件マンションについて定期的に補修等を施すなど，経常的に賃貸に供する意図が認められること，(ハ)本件マンションの近隣周辺にはマンション等の共同住宅が林立していることからすると，空室が発生したからといって速やかに新入居者が決定するような状況ではなかったこと，(ニ)被相続人は，相続開始日まで継続してマンションを賃貸の用に供し，不動産収入を得ていたことなどから，本件空室は一時的に空室となっていたにすぎないものであると判断している。

(5) 小　　括

貸家とその敷地の評価にあたって，共同住宅等でたまたま空室であった部分を自用地とするか，貸家建付地とするかは常に判断に迷うところである。

裁決事例の中には，空室期間が１年11か月でも一時的な空室と判断されるケースや，４か月でも一時的な空室ではないと判断されるケースもあり，一概に期間だけで判断することはできない。

　したがって，空室期間にどのような入居募集をしていたか，部屋を常に賃貸できる状況にしてあったか，課税時期がたまたま入居が見込めないシーズンではないか，建物の築年数が古く，周囲にマンションが乱立しているような入居がなかなか見込めない状況ではないか，課税時期前と課税時期後において継続して賃貸されているかといった点を総合的に勘案し，その空室期間が一時的なものであるか否かを判断する必要がある。

3　どの段階で貸家建付地と認定されるか

(1)　貸家建付地としての認定

　貸家建付地が賃貸借契約に至るまでには，建物の建築から完成，入居申込を経て賃貸借契約の締結など段階がある。

　どの段階に至れば「借家権の目的となっている家屋」と認められるのであろうか[*7]。

　民法上，「賃貸借は，当事者の一方がある物の使用及び収益を相手方にさせることを約し，相手方がこれに対してその賃料を支払うことを約することによって，その効力を生ずる。」とされ，賃貸借契約は申込みと承諾により成立する諾成契約とされている（民法601）。

＊7　相続税対策として借入金によりマンション・アパートを建築する方法が多く採用されているが，高齢の被相続人が，生前にマンション建築に着手し，建物が完成する前に亡くなってしまった場合，評価がどうなるのか，相続税対策の効果を受けることができるのかといった問題である。土地は自用地として評価され，相続人が引き継ぐ借入金は，相続税の計算上債務控除もできないことにもなり得る。

その申込みと承諾により，賃貸人は賃借人にその対象物（建物）を使用及び収益させる義務を生じ，賃借人は賃貸人に対して賃金（賃料等）を支払う義務を生ずることとなる。

しかし，税務上は，貸家建付地に該当するためには，原則として，(イ)賃貸人の所有する完成した建物が現実に存在していること，(ロ)賃借人がその建物の引渡しを受けて現実に入居していることあるいは契約上の賃貸借開始期日が到来していること，(ハ)通常の賃料に相当する金銭の授受があることあるいはその権利義務が発生していることなどの要件をすべて充たしている建物の敷地をいうものと解されている*8。

(2) 建築途中における賃貸借予約

① 貸家建付地に当たらないとされた事例

貸家を建築している途中に課税時期が到来した場合に貸家建付地としての評価はできるであろうか。

平成7年11月14日裁決〔裁決事例集50巻235頁〕は，賃借人からの賃貸借予約契約の段階において，貸家建付地に該当するか否かが争われた事例である。

平成3年8月10日に死亡した被相続人は，平成2年5月1日から鉄骨鉄筋コンクリート造，地下1階，地上9階建て，延床面積1,997.17㎡の建物を建築中であった。

建物の工事請負契約から賃貸借契約までの経緯は図表－2のとおりである。

本件土地について，審査請求人は，相続開始日において，既に賃借人の支配権が及んでいるため貸家建付地として評価すべきと主張し，原処分庁は，本件予約契約は賃借権等の権利を発生させるものではなく，単に当事者間に将来本契約を締結させる義務を生じさせ

＊8　平成7年11月14日裁決〔裁決事例集50巻235頁〕

●図表－2　賃貸借契約の経緯

平成2年1月9日	建物の工事請負契約の締結
平成3年6月12日	賃貸借予約契約の締結
平成3年7月12日	予約金3,000万円の受領
平成3年8月10日	相続開始
平成3年10月16日	建物完成引渡し及び賃貸借契約の締結

る契約と認められるので，本件予約契約の締結は，本件宅地の価額を算出する上でしんしやくすべき制約には当たらないと主張した。

　裁決は，本件予約契約は，賃貸借の予約に関する事項を内容とし，その予約契約についての解除事項や譲渡禁止事項が定められているにすぎず，本件賃貸借契約に記載されている現実の賃貸借に伴う契約当事者の権利義務の詳細や賃貸借の実行，継続，解約等に関する細目内容については定められていないので，単に当事者間で将来本件賃貸借契約を締結させる義務を確認する契約と認められるから，本件予約契約の締結をもって事実上の本件賃貸借契約の締結と解することはできないと判断している。

　また，仮に，本件予約契約の締結をもって賃貸借契約の締結がなされたと判断しても，本件相続開始日現在においては，建物は完成しておらず，また，建物の賃貸借に係る賃料の支払いもされていないので，これを貸家建付地として評価することはできないとされている。

②　貸家建付地にあたるとされた事例

　なお，建築途中の物件であっても，すでに賃貸借契約が締結され，賃借人が専用使用することが確定しているような場合においては，貸家建付地として評価されるケースもある。

　大阪地裁平成18年9月13日判決〔税務訴訟資料256号順号10499〕は，建築途中の貸家の敷地が貸家建付地に当たるか否かが争われた事例である。

本件土地においては，被相続人及びＡ生活協同組合ら三者共同で商業用建物を建築してこれを共有し，Ａ生活協同組合が専用使用して店舗の営業をするという契約に基づき，建物建築がなされていた（図表－３参照）。

●図表－３　賃貸借契約の経緯

平成５年10月26日	被相続人及びＡ生活協同組合による建物共同建築の合意
平成７年９月７日	上記合意に基づく土地建物の賃貸借契約の締結
平成10年３月２日	建物建築工事の開始
平成10年４月７日	相続開始
平成10年９月14日	建物の完成
平成10年９月23日	Ａ生活協同組合による営業開始及び賃貸料の受取開始

本件土地の評価について，原告（相続人）は，建物が近く新築され，将来において容易に更地とすることができる見込みがなく，しかも，地代の収入を伴わない状況にあったのであって，貸家建付地として減額して評価すべきであるか，仮にこれに該当しないとしても，本件土地の価額が貸家建付地の価額を上回ることはないと主張した。

これに対し被告（税務署長）は，相続開始時において，本件工事は未完成であって，建物は存在しておらず，本件建物がＡ生活協同組合に現実に貸し付けられていたということはできないと主張した。

判決は，所有者である被相続人による本件土地の利用は，相続開始当時，本件契約の存在及びこれに基づく諸手続の履践により，Ａ生活協同組合が専用使用する本件建物の敷地の用に供されることが確定した土地として，経済的及び法律的に一定の制約を受ける状態にあったと認められるのであり，その限りにおいて，通常の場合に

おける地上家屋が現実に貸し付けられた貸家建付地と同視すべき状態にあったというべきであるから，本件建物が現実に貸し付けられていないとして，本件土地を自用地として評価することは著しく不適当であると判示している（ここでは，貸家建付地として10%の評価減が行われている）。

(3) 貸家の建替え途中における土地の評価

① 貸家建付地に当たらないとされた事例

さて，上記の事例は新たに建物を建築するケースであるが，もともと貸家の用に供されていた敷地において，その貸家を取壊し，建替えを行っていた時点で課税時期が到来した場合，貸家建付地としての評価はできるであろうか。

平成2年7月6日裁決〔裁決事例集40巻302頁〕は，旧借家人と契約が解除されている建替途中の貸家の敷地は，貸家建付地に該当しないとされた事例である。

本件土地上には，かつて合計延床面積1,708.58㎡の旧建物があり，107.68㎡を被相続人が居住の用に供し，その余の部分は同族法人に賃貸されていた（賃貸借契約書は存在しない）。

被相続人は昭和60年12月10日に同族法人A社に対し旧建物の引渡しを受けるため立退料を支払い，昭和61年1月28日に死亡した。

昭和61年4月20日に新建物の建築に関する工事請負契約を締結し，地上9階地下1階建て，総床面積2,225.21㎡の事務所・店舗・居宅用建物が昭和62年6月30日に完成した。

新建物は，9階部分が当該同族法人に賃貸され，1階から7階はその他の法人に賃貸されている。

審査請求人は，本件宅地は，貸家（新建物）を建替え中であったこと及び新建物が完成すると同時に新建物を賃貸する旨の賃貸借契約が既に締結されていることから，貸家建付地として評価すべきと主張し，原処分庁は，本件相続開始の時において，まだ貸し付けら

れておらず，また，賃貸借の契約も締結されていないことから，貸家建付地ではなく自用地として評価すべきと主張した。

　裁決は，被相続人は相続開始日現在において本件宅地の上に新建物を建築中であって，この時点では新建物の賃貸借契約は何ら締結されていないこと，被相続人とＡ社との旧建物の賃貸借関係は，被相続人から同社に対する旧建物の明渡しに係る立退料の支払により終了したと認めるのが相当であり，旧建物と新建物の両建物に係るＡ社との賃貸借契約には継続性が認められないことなどから，貸家建付地として評価するのではなく自用地として評価すべきと判断している。

② 　貸家建付地にあたるとされた事例

　一方，相続開始の時において，建物が建替中であっても，旧建物の賃借人が引き続き新建物に入居することとなっており，契約解除の合意がなく，賃貸借契約が終了していないと認められる場合においては，当該賃借人分にのみ貸家建付地としての評価が認められている。

　平成4年12月9日裁決〔裁決事例集44巻284頁〕における建替中家屋の敷地の概要は以下のとおりである。

・本件土地は，被相続人が自己の居住の用及び貸家の用に供していた旧建物の敷地であった。

・被相続人は，旧建物の建替えにあたり，賃借人のうちＡ社を除く7名と賃貸借契約の解除に係る合意書を作成しており，敷金の返還及び立退料の支払いが行われている。

・昭和63年6月に旧建物の取壊しが完了し，同月に新建物の建築工事が着手されている。

・相続開始日（平成元年1月31日）現在においては，新建物が建築中であった。

・平成元年5月に新建物が完成し，平成元年8月9日に新建物に係る所有権保存の登記がされている。

・平成元年4月以降，相続人が順次別の賃借人との賃貸借契約の締結をし，A社を除き，旧建物の賃借人は新建物に係る賃貸借契約を締結していない。

　本件土地の評価にあたって，審査請求人は，旧建物及び新建物は，その一部がいずれも貸家の用に供され，建物の全体の処分が制約されているのであるから，実質的に，建替中の建物のうち居住用の部分を除いた部分は貸家の用に供されると認められ貸家建付地として評価すべきと主張した。

　これに対し原処分庁は，本件宅地のうちA社賃貸部分は貸家建付地として，それ以外の部分は自用地として評価すべきと主張した。

　裁決は，本件相続の開始の時には，新建物を建築中であり，旧建物に係る賃貸借契約はA社分を除き解除され，新建物の賃貸借契約は平成元年4月以降順次締結され，かつ，新建物に係る賃借人は，A社以外に旧建物の賃借人であった者はいないことから，本件宅地のうちA社賃貸部分の価額を貸家建付地として，その他の部分の価額を自用地として評価することが相当と判断している。

(4) 小　　括

　貸家建付地が自用地に比べて低額に評価されるのは，建物の賃借人はその借りている建物の利用の範囲内で敷地に対しても事実上の支配権を有していることから，敷地の所有者にとっては，その分その敷地の経済的な価値がこれらの目的となっていない自用地に比べて低くなっていることを考慮したものである。

　しかし，建物の建築中においては，課税時期現在において建物は完成しておらず，賃借人が現に入居していないこと，賃貸借契約の開始期日が到来していないこと，賃貸借に係る賃料に相当する金銭の授受がないことなどから，貸家建付地としての評価はできないものとされている。

　なお，建物の建築途中であっても，契約により賃借人が専用使用

することが確定しているなど，立退料の支払いをしなければ借家権を消滅させられず，賃貸人の敷地利用が制限されていると求められる場合には貸家建付地として評価することも考えられる。

　また，賃貸物件を建替えているような場合においても，引き続き旧賃借人との賃貸借契約の継続性が認められる場合には，貸家建付地の状態にあることが考えられる。

4　本章のまとめ

　貸家建付地の評価をするか否かは，その貸家が現に「借家権の目的となっている家屋」であるか否かが問われる。

　相続や贈与により取得した財産の価額は，その取得の時における時価であることから（相続税法22），課税時期において現に貸付けの用に供されているかどうかであるが，たまたま空室となっていたり，建替途中であったりすることがある。

　共同住宅等の空室については，原則として借家権の目的となっていないものとして評価すべきものとされているが，課税時期前後に継続的に賃貸されているものであり，一時的な空室と認められる場合には貸家建付地となる。

　また，建築途中の家屋についても，現に建物が完成しておらず，賃貸借に係る賃料の支払もされていない状況においては，原則として，借家権の目的となっていないものとなるが，建替えであって旧賃借人との間で賃貸借契約の継続性が認められるような場合には貸家建付地となる。

　いずれにおいても，貸家及びその敷地の評価にあたっては，土地の現況だけでなく，賃貸借契約の内容や経緯，課税時期前後の賃貸状況を確認しながら敷地利用への制限の有無を判断することが必要である。

第8章
農地の評価

国税庁の質疑応答事例をみると，農地の評価に関して，「農業経営基盤強化促進法に基づき賃貸されている農地の評価」や「農地中間管理機構に貸し付けられている農地の評価」，「認定事業計画に基づき賃貸されている農地の評価」など見慣れない法律の名前が並んでいる。

　そこで，本章ではこれらの取扱いを整理してみたい。

1　農地の評価

(1)　農地の区分

　土地の価額は，建物を建てることができるかどうかで大きく異なる。農地は，地域によって宅地への転用ができる所とできない所があるため，どこに所在するのかにより価格事情が異なってくる。

　そこで，財産評価基本通達においては，農地の転用許可等の可能性に応じて，価額に相当の高低が生じる事実に着目し，その難易に応じて以下の4つに分類して評価している（評価通達34）*1。

- (イ)　純農地
- (ロ)　中間農地
- (ハ)　市街地周辺農地
- (ニ)　市街地農地

　「純農地」は，市街化区域外にある農地のうち，農用地区域*2にある農地や良好な営農条件にある農地（第1種農地又は甲種農地）をいい，「中間農地」は，同じく市街化区域外にある農地のうち，市街化が見込まれる区域にある農地（第2種農地）をいう。

＊1　農地の分類と評価については風岡範哉『シリーズ　財産評価の現場　土地の評価単位』（ぎょうせい，2021年）142〜158頁参照

＊2　農業振興法に基づき，都道府県知事によって「農業振興地域」が指定され，市区町村によって「農用地区域」が指定される。農用地区域内の農地を農地以外のものに転用することは，原則としてできないこととなる。

「市街地周辺農地」は，市街化区域外であっても市街化の傾向が著しい区域内にある農地（第3種農地）をいい，「市街地農地」は，主に市街化区域内にある農地をいう。

　純農地及び中間農地は，市街化区域外にあって宅地への転用が制限され，宅地化の期待益を含まない土地であるため，原則として，農地の価額を基として評価する。

　一方，その農地が市街化区域にあって農地法上の宅地転用制限のない場合や市街化区域との境界付近に所在する場合には，農地としての価額よりむしろ宅地の価額に類似する金額で取引される実情を考慮して，原則として，宅地の価額を基として評価する。

●図表－1　農地の区分

良好な営農条件 ↕ 市街化の傾向	純農地	農用地区域内農地や良好な営農条件を備えている農地
	中間農地	市街化が見込まれる区域内にある農地
	市街地周辺農地	市街化の傾向が著しい区域内にある農地
	市街地農地	市街化区域内にある農地，転用許可済農地

●図表－2　都市計画法による区域区分

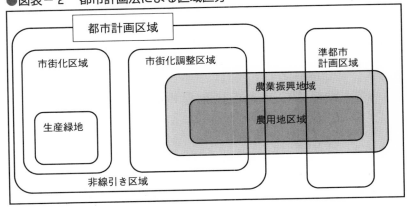

(2)　評価の方式

　市街化区域外にある農地は，評価する農地の固定資産税評価額に，田又は畑の別に，地勢，土性，水利等の状況の類似する地域ごとに，その地域にある農地の売買実例価額，精通者意見価格等を基として国税局長が定める倍率を乗じて評価する。

（算式）

> 農地の評価額 ＝ 固定資産税評価額 × 倍率

　一方，市街地農地は，その農地が宅地であるとした場合の価額から宅地造成費を控除した金額によって評価する。

（算式）

> 市街地
> 農地の　＝
> 評価額
> $\left(\begin{array}{l}\text{その農地が宅地で} \\ \text{あるとした場合の} \\ \text{1㎡当たりの価額}\end{array} - \begin{array}{l}\text{1㎡当たりの} \\ \text{造成費の金額}\end{array}\right)$ × 地積

　また，市街地周辺農地は，市街地に近接する宅地化傾向の強い農地であり，農地としての価額よりむしろ宅地の価額に類似する価額で取引されているのが実情であることから，その農地が宅地であるとした場合の価額から宅地造成費を控除した金額の80％で評価する。

　なお，宅地造成費の金額は，整地，土盛又は土止めに要する費用の額がおおむね同一と認められる地域ごとに，国税局が定めており，各国税局のホームページで確認することができる。

(3)　倍率地域内にある市街地農地の評価

①　倍率地域内にある市街地農地

　前述のとおり，市街地農地は，その農地が宅地であるとした場合の1㎡当たりの価額からその農地を宅地に転用する場合において通常必要と認められる1㎡当たりの造成費の金額を控除して評価を行う。

その「農地が宅地であるとした場合の１㎡当たりの価額」については，路線価地域にある場合は，通常通りその農地に面する路線価に画地補正を行って価額を算定することとなる。

しかし，倍率地域では，農地としての固定資産税評価額は付されているものの，宅地としての固定資産税評価額は付されていない。

そこで，下記算式のとおり，近傍宅地価格[*3]に画地補正を行って宅地であるとした場合の１㎡当たりの価額を導き出す。

（算式）

近傍宅地価格 × 評価倍率 × 画地補正率 × 地積

なお，倍率地域にある農地については，画地補正を行う際の地区区分が定められていないことから，「普通住宅地区」の画地補正率を準用するものとされている。

② 計 算 例

例えば，図表－３における市街地農地Ａは，付近の宅地の評価額を基として次のように計算する。

(イ) 農地Ａが宅地であるとした場合の１㎡当たりの価額

付近の宅地Ｂと比較した場合，農地Ａは，間口が狭く，奥行も長いため，下記の通り画地補正を行う。

(Ａの宅地価額)	評価倍率	普通住宅地区の奥行26mに応ずる奥行価格補正率	普通住宅地区の間口5mに応ずる間口狭小補正率	普通住宅地区の奥行長大(=5.2)補正率	
35,000円 ×	1.1 ×	0.97 ×	0.94 ×	0.92	＝32,295円

(ロ) １㎡当たりの造成費 700円

＊3 近傍宅地とは，評価対象地に接近した位置にあり，かつ，評価対象地とほぼ同種類の土地をいい，評価対象地が所在する市町村（東京23区は都税事務所）で確認することができる。

なお，近傍宅地価格には，(イ)その地域の標準宅地の価格による方法と，(ロ)市区町村における固定資産税路線価による方法の２つがある。

いずれの方法もその合理性が認められているが，固定資産税路線価が明らかな場合には，あえて標準宅地の価格によるまでもないとする裁決（平成19年11月5日裁決〔裁決事例集74巻357頁〕）もある。

(ハ) 評価しようとする農地Aの評価額の計算

$$\left(\begin{array}{c}\text{宅地であるとした場合の}\\ 1\text{㎡当たりの価額}\end{array}\right)\quad \left(\begin{array}{c}1\text{㎡当たりの}\\ \text{造成費の金額}\end{array}\right)$$
$$(\quad 32,295円 \quad - \quad 700円 \quad)×430㎡=13,585,850円 \quad (評価額)$$

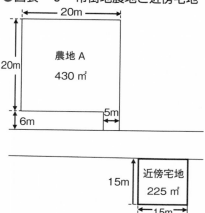

●図表－3　市街地農地と近傍宅地

近傍宅地価格　35,000 円/㎡

2　農地制度の経緯

さて，農地及び貸し付けられている農地の評価を理解する上で，まずは農地制度のこれまでの経緯を確認しておきたい。

(1)　都市計画法における農地の位置づけ

昭和30〜40年代の高度成長期，わが国は，高度経済成長に伴い都市への急激な人口流入と産業集中が進む。そこで，無秩序な市街地の拡大を防止しつつ，宅地開発の需要に対応していくため，昭和43（1968）年に都市計画法が制定され，日本の国土を市街化区域や市街化調整区域に区分することにより計画的に街づくりを進めていくこととされた。

そこでは，市街化区域を「おおむね10年以内に優先的かつ計画的に市街化を図るべき区域」とし，市街化区域内の農地は，農業委員会へ届出をすることで宅地へ転用することが可能となった。

一方，市街化調整区域においては，市街化を抑制し，環境を保全するため，原則として建物を建てることができないこととされ，農業はこの区域を主として計画的，集中的に行うこととなった。

さらに，農業地域を保全・形成し，農地の無秩序な改廃等を抑制するため，翌年の昭和44（1969）年に農業振興地域の整備に関する法律が制定され，同法に基づき指定された農用地区域においては，農地の転用は原則として許可されないこととなった。

(2)　バブル期における宅地化の促進

昭和50〜60年代に入り，三大都市圏*4を中心として地価が高騰する中，市街化区域内の農地に対しては，その宅地化が強く求められることとなる。

そのため，平成3年以降，国は，市街地の農地を「宅地化する農地」と「保全する農地」に区分することとした。

そして，三大都市圏特定市において「宅地化する農地」に対しては，それまで実質的に農地課税であったものについて，宅地並みの課税がされることとなり，「保全する農地」については，生産緑地として30年間農地としての維持・管理をしていくことを要件に農地課税がなされることとなった*5。

---

*4　三大都市圏とは，首都圏整備法，中部圏開発整備法，近畿圏整備法に掲げる区域等をいう。

なお，固定資産税における「三大都市圏特定市」は，現時点での三大都市圏特定市（国土交通省「特定市街化区域内農地対象市（三大都市圏特定市）一覧」。平成30年4月1日時点で東京都の特別区を含む214市）をいい，相続税・贈与税の納税猶予制度における「三大都市圏特定市」は平成3年1月1日における特定市（「租税特別措置法（相続税法の特例関係）の取扱いについて（法令解釈通達）」70の4－2。東京都の特別区を含む190市。）をいうため，その範囲が異なることに留意が必要である。

また，相続税の納税猶予制度も，それまで三大都市圏特定市の市街化区域全域で適用が可能であったが，三大都市圏特定市においては，生産緑地でなければ納税猶予の適用ができないとなるなど，宅地化の促進が図られることとなった。

　その結果，平成5年から平成28年にかけて，市街化区域内農地の面積は約半分に減少している*6。

(3)　都市農地の保全

　平成に入って以降，バブル経済の崩壊による地価下落や人口減少，高齢化社会により，市街地の宅地は，次第に供給が過剰となることが懸念されていくことになる。

　これに反して，平成27年度の税制改正では相続税の課税対象者が増加したため，市街地農地にアパート・マンションを建築して相続税の節税を図るなど，宅地の供給は一層加熱した状況となっていく。

　さらには，生産緑地の多くは平成4（1992）年に指定されており，30年後の令和4（2022）年に一斉に解除がなされて宅地の供給がさらに増えることが予想される状況となる。

　そのような状況を踏まえ，国は，市街地農地の必要性を見直し，従来の「宅地化すべきもの」から「あるべきもの」へと転換を図る

＊5　農地の固定資産税は，市街化区域外の「一般農地」と市街化区域内の「市街化区域農地」に区分されて評価及び課税される。
　一般農地における固定資産税は，農地の売買実例価格を基に評価（農地評価）され，年間で例えば100㎡当たり数百円程度と，低額な農地課税となる。
　市街化区域農地は，さらに「生産緑地」と「一般市街化区域農地」，「三大都市圏特定市の市街化区域農地（特定市街化区域農地）」の3つに区分され，三大都市圏特定市の固定資産税は，例えば100㎡当たり数万円となるなど，高額な宅地並み評価，宅地並み課税となる。
　なお，生産緑地に指定されたものについては農地評価，農地課税である。
　また，一般市街化区域農地については，宅地を基準として評価額が求められる（宅地並み評価）が，課税に当たっては実質的には農地に準じた課税となる（ただし，中にはすでに高い負担水準に達している農地も多く，必ずしも農地に準じた低い課税となっているとはいえないものもある）。
＊6　国土交通省ホームページ「三大都市圏特定市における生産緑地地区等の面積の推移」

こととなる。

平成27（2015）年4月，都市農業の安定的な継続を図るとともに，多様な機能の適切かつ十分な発揮を通じて良好な都市環境の形成に資することを目的として，都市農業振興基本法が制定された。

都市農業振興基本法では，都市農業の振興に関する基本理念として，

①　都市農業の多様な機能の適切かつ十分な発揮と都市農地の有効な活用及び適正な保全が図られるべきこと

②　良好な市街地形成における農地との共存に資するよう都市農業の振興が図られるべきこと

③　国民の理解の下に施策の推進が図られるべきこと

を明らかにするとともに，政府に対し，必要な法制上，財政上，税制上，金融上の措置を講じるよう求めている。

(4)　生産緑地法の改正

さて，前述の通り，現在の生産緑地の多くは，平成4（1992）年の法改正の際に指定を受けたものである。30年目となる令和4（2022）年に，多くの生産緑地の指定が解除されることとなり，農地が一斉に宅地化されることが懸念されてきた。

そこで，平成29（2017）年，①生産緑地地区の面積要件（500㎡）を条例で300㎡まで引き下げることを可能にし，②同地区内の行為制限を緩和するとともに，③生産緑地指定から30年経過後には10年ごとの更新を可能とする特定生産緑地を創設する改正が行われた。

また，都市計画法における用途地域において，住居系用途地域の一類型として，平成4（1992）年に12種類となって以来25年ぶりに新たに田園住居地域*7が創設されている。

＊7　田園住居地域は，農業の利便の増進を図りつつ，これと調和した低層住宅に係る良好な住居の環境を保護するために定める地域である（都計法9⑧）。

このようにして宅地の供給過多への歯止めをかける政策がとられることとなった。

3　農地の貸借

(1)　農地法の取扱い

　ただし，農地を維持したとしても，農地の所有者が会社員であったり，高齢であったりすると，農地の効用を最大限活かすことが難しいケースがある。場合によっては耕作放棄地になりかねない。

　そこで，他の大規模農家や企業に賃貸することで農地の有効利用を図ることが考えられる。

　しかし，農地については，農地法の制限があり，地目変更や売買も自由にできないが，貸し借りも自由に行うことができない。

　農地を貸し借りする際には，農地所有者と借地人（小作人）が小作契約を結び，小作人は小作料を支払って農地を耕作する。この際に小作人に耕作権という権利が発生する*8。

　耕作権を設定して賃貸借契約を設定する場合には，農業委員会の許可が必要となり，農地台帳に記載がなされる（農地法3）。許可を受けないでした行為は無効となる。

　賃貸借の存続期間は，民法上20年以内とされているが，農地の賃貸借については民法の特例として50年以内まで可能となる（農地法19）。

　なお，耕作権の設定がなされると，賃料の不払や耕作放棄などの事由がない限り，契約更新を拒否することができないなど小作人に対する権利保護が発生する。

＊8　農地の耕作権，永小作権は，宅地でいえば借地権，地上権のイメージである。また，ヤミ小作は使用貸借，後述の農業経営基盤強化促進法や都市農地貸借法における農地の賃貸借は，定期借地権のイメージである。

賃貸借の期間満了前に更新しない旨の通知（通知には都道府県知事の許可が必要）をしていないときは，従前と同一条件でさらに賃貸借をしたものとみなされ（いわゆる法定更新。農地法17），農地の賃貸借契約を解除・解約する場合には，原則として都道府県知事（指定都市の区域内にあっては，指定都市の長）の許可を受ける必要がある（農地法18）。

　そして，契約解除の際には，農地所有者から小作人に離作料が発生するケースもある（離作料は耕作できなくなったことに対する損失の補償の意味合いが強いが，離作料についての法律の規定はなく，地域の慣習によって支払が行われている）。

(2)　貸し付けられている農地の評価

①　耕作権の目的となっている農地

　そのような農地法に基づいて賃貸されている農地については，その農地の自用地としての価額から，耕作権の価額を控除した金額によって評価する（評価通達41(1)）。

　これは，農地法の規定に基づく農地の賃貸借に係る賃借権（いわゆる耕作権）が，賃貸借の法定更新（農地法17）及び賃貸借の解約等の制限（同法18①）の規定によって強い保護を受け，また，一定の価額で取引され，賃貸借の解除の際には離作料が支払われ，あるいは公共用地の買収の際には補償の対象とされていることから，その自用地としての価額から耕作権の価額を控除することとしたものである[9][10]。

②　耕作権の評価

　耕作権の価額は，図表－3に掲げる農地の区分に従い，農地の自用地価額に，それぞれ掲げる耕作権割合を乗じて評価する（評価通

---

[9]　平成18年6月19日裁決〔裁決事例集71巻593頁〕
[10]　なお，農地法の許可を受けていないいわゆるやみ小作については耕作権が認められていない。

●図表－4　耕作権割合の例

農地の区分	耕作権割合
純農地 中間農地	100分の50
市街地周辺農地 市街地農地	その農地が転用される場合に通常支払われるべき離作料の額，その農地の付近にある宅地に係る借地権の価額等を参酌して評価する※。

※ただし，大阪・名古屋・福岡国税局管内においては100分の40，東京国税局管内においては100分の35，関東信越国税局管内においては100分の30を乗じて評価しても差し支えないとされている。

達42）*11。

　なお，市街地農地及び市街地周辺農地の耕作権割合は，その農地が転用される場合に通常支払われるべき離作料の額，その農地の付近にある宅地に係る借地権の価額等を参酌して評価することとされているが，国税局によっては，100分の35や100分の40などの割合を乗じて評価しても差し支えないとしている地域もある（図表－4）。

4　市街化区域外の農地の貸借

(1)　農地法の例外

　さて，市街化調整区域などの市街化区域外においては，まとまった農地も多いことから，意欲ある農業者は，複数の農地所有者から農地を借りて，大規模な農業を行うことができる。

　しかし，前述のとおり，耕作権が発生すると，小作人の権利保護が強くなり，離作料も発生するため，農地所有者にとっては農地を第三者に貸し難い状況にあると言える。

---

*11　10年以上の期間の定めのある賃貸借は，農地法の解約の制限（同法18）の適用が除外されており，耕作権としての価格が生じるような強い権利ではない。そのため，10年以上の期間の定めのある賃貸借により貸し付けられている農地の価額は，その農地の自用地としての価額から，その価額の100分の5を乗じて計算した金額を控除して評価する（国税庁質疑応答事例「10年以上の期間の定めのある賃貸借により貸し付けられている農地の評価」）。

そこで，農業経営の規模拡大や経営管理の合理化を進め農業振興を図るため，農地法の例外として昭和55（1980）年に「農業経営基盤強化促進法」が制定された。

農業経営基盤強化促進法に基づく賃貸借では，農地法の法定更新など耕作権の発生の適用除外とし，農地を借りたい農業者（借手）と農地の所有者（貸手）の間に市町村や農地中間管理機構が入って農地の売買や貸借ができるようにしたものである。

農地法の許可を受けずに農地の貸借契約が可能であり，賃借期間が終了すれば自動的に契約が終了し農地の所有者に権利が戻るため，所有者は安心して農地を貸すことができる。

その農業経営基盤強化促進法には，いくつかの事業が定められているが，ここでは市町村による利用権設定等促進事業（農地利用集積計画）と農地中間管理事業を確認しておきたい[12]。

(2) 農業経営基盤強化促進法に基づく賃貸借

① 制　　度

まず，市町村による利用権設定等促進事業（農用地利用集積計画）である。

農地の売買や貸借といった権利移動について，貸手が安心して農地を貸すことができる農用地利用集積計画制度が昭和50（1975）年に創設された（当時は「農用地利用増進計画」という）。農地版の定期借地権である。

農用地利用集積計画は，市街化調整区域内の農用地において，地域の担い手となる農業者の育成・確保及び経営改善を図る目的の達成のため，市町村が主体となって，地域の集団的な土地利用や農作業の効率化等を促進するものである。

---

*12　国税庁質疑応答事例「農業経営基盤強化促進法に基づく農用地利用集積計画の公告により賃借権が設定されている農地の評価」，同「農地中間管理機構に賃貸借により貸し付けられている農地の評価」

●図表－5　農地法と基盤法の違い

	農地法による賃貸借	基盤法による利用権設定
対象農地	指定なし	原則として市街化調整区域の農用地
契約期間の満了	期間満了前の一定の時期に貸主が解約の意向を伝えない場合は，自動更新	期間満了により終了する（再設定により更新も可能）
更新の手続	契約更新をしないことは，賃料の不払や耕作放棄などの事由がなければ認められない	期間満了により終了する

　市町村が主体となって農地の出し手と受け手の情報を収集し，担い手農家等へ，農地の売買・貸借により農地を集積するため農用地利用集積計画を作成し公告する。

　農地法の許可を得て貸借権を設定した場合は，契約期限が到来しても両者による解約の合意がない限り契約は解除されないが，農業経営基盤強化促進法による利用権を設定した場合は契約期間が終了した時点で契約は解除される点がポイントである（図表－5）。

② 　評価の取扱い

　農業経営基盤強化促進法に基づく農用地利用集積計画の公告により設定されている賃借権に係る農地の賃貸借については，農地法の法定更新（同法17）などの適用が除外されており，いわゆる耕作権としての価格が生じるような強い権利ではないと考えられている。

　そのため，この農用地利用集積計画の公告により賃借権が設定されている農地の価額は，その農地の自用地としての価額から，その価額に100分の5を乗じて計算した金額を控除して評価する[13]。

(3) 　農地中間管理機構に貸し付けられている農地

① 　制　　　度

　次に，農地中間管理事業である。

＊13　前掲＊12

●図表－6　農地集約のイメージ

（出典）　農林水産省ホームページ「農地中間管理機構の概要」

　農地中間管理事業は，農地中間管理事業の推進に関する法律に基づき，農地を貸したい者（出し手）から，農地の有効利用や農業経営の効率化を図る担い手（受け手）へ貸し付け，農地の集約を進める事業をいい，平成26（2014）年に農地中間管理機構（農地集積バンク）が全都道府県に設置されている。

　農地中間管理機構は，複数の出し手から農地を借り受け（買い入れ），受け手がまとまりのある形で農地を利用できるように貸し付ける（売り渡す）といったように農地の中間的受け皿となる（図表－6）*14。

②　評価の取扱い

　農地中間管理機構に貸し付けられている農地の賃貸借についても，農地法の法定更新（同法17）や賃貸借の解約制限（同法18）の適用が除外されるなど，いわゆる耕作権としての価格が生じるような強い権利ではないと考えられている。

　そのため，農地中間管理機構に賃貸借により貸し付けられている農地の価額は，その農地の自用地としての価額から，その価額に100分の5を乗じて計算した金額を控除して評価する*15。

　なお，農地中間管理機構に貸し付けられているものであっても農

---

*14　農地を農地中間管理機構を通じて貸借することにより，公的機関が間に入るため安心であり，農地法の許可が不要などのメリットがある。遊休農地化を防止したり，担い手の規模の拡大を実現することもできる。
　　また，農地の所有者にとっては，契約期間が終われば農地が返還されること，借手にとっては，貸手が複数いる場合でも契約は機構のみとなり賃料支払も簡易であるなどのメリットがある。
*15　前掲*12

地法により貸し付けられている場合には，耕作権の目的となっている農地として評価する。

5 市街化区域の農地の貸借

(1) 農地法の例外

　次に，市街化区域の農地についてである。

　近年，市街地農地は，都市住民に地元産の新鮮な野菜などを供給するだけでなく，防災空間や緑地空間など多様な機能が見直されている*16。

　しかし，市街地農地もまた，(イ)農地の所有者が会社員であったり，高齢であったりすると，農地の効用を最大限活かすことが難しいこと，(ロ)農地法の下では，耕作権が発生すると，小作人の権利保護が強くなり，離作料も発生するため，農地は第三者に貸し難い状況にあることは市街化調整区域と同様である。

　そこで，平成30（2018）年9月1日に「都市農地の貸借の円滑化に関する法律」（以下「都市農地貸借法」という）が制定され，市街化区域内にある生産緑地を対象に，意欲ある都市農業者等へ農地を貸したり，市民農園として開放することで有効活用を図ることとなった*17*18。

---

*16　都市農地は，①新鮮な農産物の供給，②身近な農業体験・交流活動の場の提供，③災害時の防災空間の確保，④やすらぎや潤いをもたらす緑地空間の提供，⑤国土・環境の保全，⑥都市住民の農業への理解の醸成といった多様な役割を発揮することから多面的な機能が見直されるようになった。

*17　市街地農地において相続税・贈与税の納税猶予制度を適用している場合，自ら農業を行わなければならず，他者に貸し付けた場合，原則として，納税猶予制度の継続ができないこととなる。そこで，平成30（2018）年度の税制改正において，一定の生産緑地においては，他の都市農業者へ農地を貸したり，市民農園としたりすることで引き続き納税猶予制度が継続できることとなった。

*18　国税庁質疑応答事例「認定事業計画に基づき貸し付けられている農地の評価」，同「市民農園として貸し付けている農地の評価」

(2) 認定事業計画に基づく賃貸借

① 制　　度

　市区町村に認定された都市農業者へ生産緑地を賃貸することを認定都市農地貸付けという。

　借手である都市農業者が，都市農地貸借法の適用を受ける場合には，事業計画を作成の上，農業委員会の決定を経て市区町村の認定を受けることが必要となる。

② 評価の取扱い

　その認定事業計画に基づく農地の賃貸借については，都市農地貸借法により，農地法の法定更新（同法17）などの適用が除外されており，この賃借権は，いわゆる耕作権としての価格が生じるような強い権利ではない。

　そのため，認定事業計画に従って賃借権が設定されている農地については，その農地の自用地としての価額から，その価額に100分の5を乗じて計算した金額を控除して評価する[19]。

(3) 市民農園として貸し付けられている農地

① 制　　度

　近年，市街化区域又は市街化調整区域の区分に関わらず，小面積の農地を利用したい者が増えていることから，所有する農地を市民農園[20]とすることが着目されている。

　市民農園も，農地所有者の指導の下で，利用者が農作業の体験するためだけに入園する農園利用方式であれば農地法の適用はされな

---

*19　前掲*18
*20　市民農園とは，地域の住民がレクリエーションとしての自家用野菜・花の栽培，高齢者の生きがいづくり，生徒・児童の体験学習などの多様な目的で，農家でない者が小面積の農地を利用して自家用の野菜や花を育てるための農園のことをいう。市民農園と呼ばれるほか，レジャー農園，ふれあい農園などいろいろな愛称で呼ばれている。

いが，利用者に農地（土地）を貸し出すものについては，市民農園
も例外ではなく農地法の制限がある。

　そこで，まずは平成元（1989）年に市民農園を地方公共団体及び
農業協同組合が開設する場合に農地法の適用除外を定めた，「特定
農地貸付けに関する農地法等の特例に関する法律」（以下「特定農
地貸付法」という）が制定された。

　その後，平成17（2005）年には特定農地貸付法が改正され，地方

●図表－7　農園用地貸付けと認定都市農地貸付け

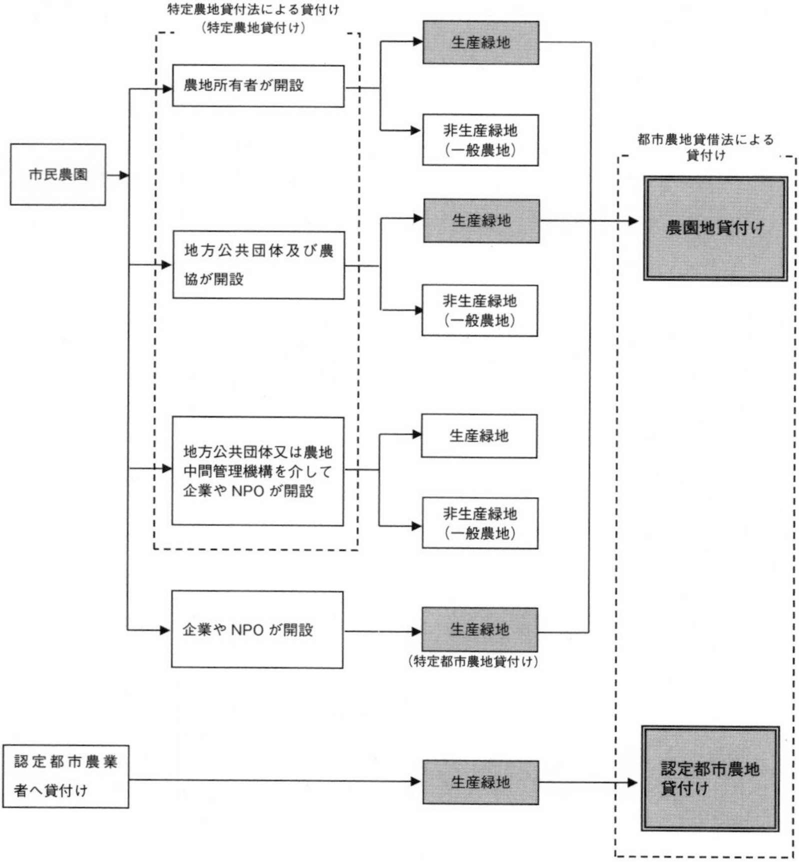

公共団体又は農地中間管理機構を介在させることにより，地方公共団体及び農業協同組合以外の者による市民農園の開設が可能となった。

このように，市民農園として，(イ)農地所有者が開設する場合，(ロ)地方公共団体及び農業協同組合が開設する場合，(ハ)地方公共団体又は農地中間管理機構を介在して(イ)及び(ロ)以外の者（例えば企業やNPO法人）が開設する場合を「特定農地貸付け」という。

なお，特定農地貸付けの下では，上記(ハ)にあるとおり，農地の所有者が直接，地方公共団体及び農業協同組合以外の者（例えば企業やNPO法人）に賃貸することができなかった。それが，平成30（2018）年の都市農地貸借法においては，生産緑地に限るが，地方公共団体及び農協以外の者へ直接農地を賃貸することができるようになった。これを「特定都市農地貸付け」という。

この特定都市農地貸付けと，(イ)の農地所有者が自ら農園利用者へ貸し付けるもののうち生産緑地，(ロ)の地方公共団体及び農業協同組合へ貸し付けるもののうち生産緑地の3つを併せて「農園用地貸付け」という＊21。

② 評価の取扱い

生産緑地地区内の農地で，都市農地貸借法や特定農地貸付法に基づき市民農園として貸し付けられている農地等については，農地法の賃貸借の解約制限（同法18）の適用が除外されており，この賃借権は，いわゆる耕作権としての価格が生じるような強い権利ではない。

そのため，その市民農園は，生産緑地としての利用制限に係る斟酌と賃貸借契約の期間制限に係る斟酌を行って評価を行う。

この場合，賃貸借契約の期間制限に係る斟酌は，原則として，賃

＊21 農地等の納税猶予制度においては，平成30（2018）年，都市農地貸借法にあわせた税制改正により，農園用地貸付けと認定都市農地貸付けについては引き続き納税猶予の適用が継続できることとなった。

借権の評価（評価通達87(2)）の定めに準じて，賃借権の残存期間に応じ，その賃借権が地上権であるとした場合に適用される法定地上権割合の2分の1に相当する割合となる[*22]。

　ただし，次の要件の全てを満たす市民農園の用に供されている農地については，残存期間が20年以下の法定地上権割合に相当する20％の斟酌をすることとして差し支えないものとされている[*23]。

(1)　地方自治法第244条の2の規定により条例で設置される市民農園であること

(2)　土地の賃貸借契約に次の事項が定められ，かつ，相続税及び贈与税の課税時期後において引き続き市民農園として貸し付けられること

　①　貸付期間が20年以上であること

　②　正当な理由がない限り貸付けを更新すること

　③　農地所有者は，貸付けの期間の中途において正当な事由がない限り土地の返還を求めることはできないこと

6　本章のまとめ

　農地は，所在する地域により宅地への転用可能性が異なるため，純農地，中間農地，市街地周辺農地，市街地農地の4つに区分される。

　その農地が倍率地域にある場合は倍率方式により評価を行い，市街地農地や市街地周辺農地においては宅地に比準して評価を行う。

　そして，農地を賃貸している場合には，賃貸借の適用法令によって評価が異なる。農地法に基づく耕作権が発生しているのであれば

[*22]　前掲[*18]

[*23]　またこれとは別に地方公共団体へ20年以上の契約により賃貸している「特定市民農園」については，30％減価することができる（個別通達「特定市民農園の用地として貸し付けられている土地の評価について」（平成6年12月19日））

耕作権割合を控除する。市街化調整区域において，農業経営基盤強化促進法に基づく賃貸や中間管理機構へ賃貸しているものであれば５％減価となる。市街化区域において，都市農地貸借法に基づく認定都市農地貸付けにおいては５％減価し，生産緑地内の一定の市民農園においては貸し付けられた雑種地（賃借権）に準じて評価するなど，それぞれ評価方法が異なってくる*24。

　したがって，貸農地の評価にあたっては，農業委員会の農地台帳や農地の賃貸借契約書などにより関係する法令を調べ，また，あわせて国税庁質疑応答事例により取扱いを確認しておく必要がある。

---

*24　全国農地ナビ（https://www.alis-ac.jp/）において，以下のような項目を確認することができる。
　(イ)　農地の所在，地番，地目（現況）及び面積
　(ロ)　農振法，都市計画法及び生産緑地法の地域区分
　(ハ)　賃借権等の種類・存続期間
　(ニ)　農地中間管理機構の関与状況

第 9 章
雑種地の評価

1　雑種地の評価

　本章では，雑種地の評価方法について確認しておきたい。

　雑種地とは，宅地，田，畑，山林，原野の地目のいずれにも該当しない土地である。例えば，遊園地，運動場，ゴルフ場，テニスコート，競馬場，野球場，駐車場，変電所敷地，鉄塔敷地，不毛地，砂地，土取場跡，鉄軌道用地等があり，その実態は様々である。

　そのように実態が様々であるため，雑種地が状況の類似する一定の地域を形成していることはほとんどなく，駐車場，資材置場，グラウンド等のように宅地に類似するものもあれば，荒れ地，土砂を採取した跡地等のように原野に類似するものもある。

　したがって，雑種地は，その雑種地と状況が類似する付近の土地の価額を基に，その土地と評価対象地との位置，形状等の条件の差を考慮して評価することとされている（評価通達82）。いわゆる近傍地比準方式である。

2　市街化区域内の雑種地の評価

(1)　宅地比準方式

　市街化区域にある雑種地については，その取引価額が近隣の宅地と価格水準に差がないことから，評価対象地が宅地であるとした場合の価額に基づいて評価する。

　下記の算式のとおり，その雑種地が宅地であるとした場合の1㎡当たりの価額から宅地造成費に相当する金額を控除する方法（宅地比準方式）が採用されている。

（算式）

宅地と状況
が類似する ＝ ⎛ その雑種地が宅地で
雑種地 　　 ⎝ あるとした場合の1 　－ 1㎡当たりの
　　　　　　 ㎡当たりの価額 　　　造成費の金額 ⎠ × 地積

(2) 路線価地域

　その雑種地が路線価地域に所在する場合，「宅地であるとした場合の1㎡当たりの価額」は，その土地の面する路線に付された路線価を基とし，その雑種地との位置，形状等の条件の差（すなわち奥行価格補正や不整形地補正，無道路地補正などの画地補正）を考慮して評価する。いわゆる路線価方式である。

　その際，雑種地を宅地に転用する場合において整地や土盛が必要な場合においては，市街地農地等と同様，通常必要と認められる1㎡当たりの宅地造成費に相当する金額を控除することができる*1。

(3) 倍率地域

　次に，市街化区域，かつ，倍率地域に所在する雑種地である。

　宅地と状況が類似する雑種地が倍率地域に所在する場合，当該雑種地には雑種地としての固定資産税評価額は評定されているものの，その土地が宅地であるとした場合の固定資産税評価額が評定されていない。

　そこで，倍率地域における雑種地の価額は，近傍宅地の価額を基として，その宅地と位置，形状等の条件の差を考慮して「宅地であるとした場合の1㎡当たりの価額」を算出する。この場合の「宅地であるとした場合の1㎡当たりの価額」の算出方法は，倍率地域における市街地農地（第8章1(3)）と同様である。

　なお，ここでも宅地に転用する場合に通常必要と認められる宅地

＊1　雑種地の評価に宅地造成費の控除が行われた事例として平成12年12月21日裁決〔裁決事例集60巻522号〕がある。

造成費に相当する金額を控除することができる。

3 市街化調整区域内の雑種地の評価

(1) 市街化調整区域内の雑種地の評価

市街化調整区域内にある雑種地においては，倍率方式によって評価を行う。

ただし，倍率方式は，宅地や農地，山林など，状況の類似した同種の土地が一定の地域を形成している場合を前提としている。一方で，雑種地は，宅地に類似するものもあれば，原野に類似するものもあって実態が様々であり，状況の類似する一定の地域を形成していることはほとんどないと考えられている。宅地や農地であれば固定資産税評価額に評価倍率を乗じて評価するが，雑種地には，評価倍率も定められていない（図表－１）。

そこで，まずは周囲の状況に応じて，周囲の標準的な地目が宅地であれば宅地の価額，農地であれば農地，山林であれば山林の価額を基に評価を行う。土地の価額は，一般的にその土地の最有効使用を前提として形成されるものと考えられ，また，その土地の最有効使用は，周辺の標準的な使用状況の影響を受けると考えられるからである。

なお，実務上，状況が類似する地目は，国税庁質疑応答事例（図表－２）に掲げられている区分により判定することができる*2。

● 図表－１　倍率表の例

音順	町（丁目）又は大字名	適　用　地　域　名	借地権割合	固定資産税評価額に乗ずる倍率等						
				宅地	田	畑	山林	原野	牧場	池沼
			％	倍	倍	倍	倍	倍	倍	倍

市区町村名：〇〇〇市　　　　　　　　　　　　　　　　　　〇〇〇税務署

周囲（地域）の状況	比準地目	しんしゃく割合
市街化の影響度　弱⇅強 ① 純農地，純山林，純原野	農地比準，山林比準，原野比準 (注1)	
② ①と③の地域の中間（周囲の状況により判定）	宅地比準	しんしゃく割合50%
		しんしゃく割合30%
③ 店舗等の建築が可能な幹線道路沿いや市街化区域との境界付近 (注2)	宅地価格と同等の取引実態が認められる地域（郊外型店舗が建ち並ぶ地域等）	しんしゃく割合０%

(注)1　農地等の価額を基として評価する場合で，評価対象地が資材置場，駐車場等として利用されているときは，その土地の価額は，原則として，財産評価基本通達24－5（農業用施設用地の評価）に準じて農地等の価額に造成費相当額を加算した価額により評価する（ただし，その価額は宅地の価額を基として評価した価額を上回らないことに留意する。）。

　　　2　③の地域は，線引き後に沿道サービス施設が建設される可能性のある土地（都市計画法第34条第9号，第43条第2項）や，線引き後に日常生活に必要な物品の小売業等の店舗として開発又は建築される可能性のある土地（都市計画法第34条第1号，第43条第2項）の存する地域をいう。

　　　3　都市計画法第34条第11号に規定する区域内については，上記の表によらず，個別に判定する。

(2)　比準地目の判定

　市街化調整区域内にある雑種地の評価にあたっては，まず周囲の状況に応じて，状況が類似する比準地目を判定する。

(イ)　農地等に比準する場合

　評価対象地である雑種地の周囲が純農地，純山林，純原野である場合，これらの土地は宅地化の期待益を含まない土地となる（図表－2の①の地域）。

　そこで，以下の算式のとおり，付近の純農地，純山林又は純原野の価額を基に評価する。

＊2　国税庁質疑応答事例「市街化調整区域内にある雑種地の評価」

（算式）

$$\begin{pmatrix}純農地比準\\雑種地の価額\end{pmatrix} = \begin{matrix}1\,\text{m}^2当たりの\\近傍農地価格\end{matrix} \times \begin{matrix}純農地の\\評価倍率\end{matrix}$$

$$\begin{pmatrix}純山林比準\\雑種地の価額\end{pmatrix} = \begin{matrix}1\,\text{m}^2当たりの\\近傍山林価格\end{matrix} \times \begin{matrix}純山林の\\評価倍率\end{matrix}$$

$$\begin{pmatrix}純原野比準\\雑種地の価額\end{pmatrix} = \begin{matrix}1\,\text{m}^2当たりの\\近傍原野価格\end{matrix} \times \begin{matrix}純原野の\\評価倍率\end{matrix}$$

(ロ) 宅地に比準する場合

評価対象地である雑種地が幹線道路沿いや市街化区域との境界付近に所在する場合には，その付近に宅地が存在していることも多く，用途制限等があるにしても宅地化の可能性がある（図表－2の③の地域）。したがって，以下の算式のとおり，付近の宅地の価格を基として評価する。

（算式）

$$\begin{matrix}雑種地\\の価額\end{matrix} = \begin{matrix}1\,\text{m}^2当たりの\\近傍宅地価格\end{matrix} \times \begin{matrix}評価\\倍率\end{matrix} \times \begin{matrix}画地\\補正率\end{matrix} \times \begin{matrix}しんしゃく\\割合\end{matrix} \times 地積$$

(3) しんしゃく割合の判定

次に，宅地に比準する場合のしんしゃく割合の判定である。

国税庁質疑応答事例によれば，宅地に比準する際には，宅地の開発行為の可否，建築制限，位置などの法的規制により3段階のしんしゃく割合（減価）が示されている。

そのしんしゃく割合は，市街化の影響度と雑種地の利用状況によって個別に判定することになるが，周辺の状況や比準地目の状況により，図表－2によっても差し支えないこととされている。

(イ) しんしゃく割合50％のケース

市街化調整区域内の雑種地が存する地域は，原則として，建物の建築が禁止されている区域である。したがって，家屋の建築が全く

できない場合のしんしゃく割合（減価率）は50％とされている[*3]。

　なお，宅地比準方式においては，比準地と評価対象地との位置，形状等の条件の差を考慮して画地補正を行うが，無道路である雑種地については，建築制限に対する評価減（50％）と無道路地補正は重複適用できないとされている。無道路地の評価（評価通達20－3）は，そもそも建築制限による減価であるところ，無道路地として評価した価額から，更に建築制限による50％の減価をすると，建築制限による減価を二重に行うこととなるからである[*4]。

㈹　しんしゃく割合30％のケース

　幹線道路沿いや市街化区域との境界付近のように，市街化の影響度が強く，土地の有効利用度が高い地域においては，市街化調整区域内ではあるが，法的規制が比較的緩やかであり，店舗等の建築であれば可能なケースもある。そのような雑種地については，家屋の構造，用途等に制限を受ける場合のしんしゃく割合は30％とされている。

　なお，このエリアは，ドライブインやガソリンスタンドといった沿道サービス施設が建設される可能性のある土地（都計法34九，43②）や，日常生活に必要な物品の小売業等の店舗が建築される可能性のある土地（都計法34一，43②）の存する地域をいう。

　ただし，評価対象地において，店舗等が実際に建築可能であるか否かは，個別性が強く，各自治体に委ねられている面もある。

　沿道サービス施設については，例えば，自治体の条例で指定する道路幅員以上の国道または県道に接していなければ建築はできない

＊3　高圧線下地のような区分地上権に準ずる地役権が設定されている土地においては，家屋の建築が全くできないことについて「しんしゃく割合を50％又は借地権割合のいずれか高い割合」を減額することとされている（評価通達27－5）が，雑種地の評価においては，一般に借地権割合が高い地域は，市街化の影響度が強く，有効利用度が高いと考えられることから，しんしゃく割合を引き下げる方向にしなければならないにもかかわらず，しんしゃく割合を引き上げる方向になってしまうことから，一律に50％とするのが相当とされている。

＊4　平成19年6月22日裁決〔TAINS・F0－3－319〕

などの立地基準があり比較的判断は可能となるが，地域住民の日常生活のための販売等を行う店舗については，各自治体の条例によって建築の可否が定められており，建築可能性を市区町村等の窓口で確認する必要がある。

　家屋の建築が全くできない場合のしんしゃく割合は50％であるが，幹線道路沿いの沿道サービス施設や小売業の店舗が建築できる可能性がある場合にはしんしゃく割合は30％ということである。

　なお，一般の住宅の建築の可能性については，昭和45年の都市計画法制定により，市街化区域と市街化調整区域が線引きされる以前から建物が存する宅地（既存不適格）については建替・建築を認めることもあるが，そもそも地目が雑種地である場合には，建築が認められないケースが多い。

(ハ)　しんしゃく割合０％のケース

　図表－２の②の地域のうち，例えば，周囲に郊外型店舗等が建ち並び，雑種地であっても宅地価格と同等の取引が行われている実態があると認められる場合には，しんしゃく割合０％となる。

(4)　争 訟 事 例

　最後に，市街化調整区域の雑種地の評価について，宅地に比準すべきか，農地（山林）に比準すべきか，また，宅地に比準するとしたらしんしゃく割合がどうなるのかが争われた事例を確認しておきたい。

①　平成12年12月21日裁決

　平成12年12月21日裁決〔裁決事例集60巻522頁〕における評価対象地は，本件ｂ土地から本件ｄ土地，本件ｆ土地から本件ｈ土地，本件ｊ土地及び本件ｋ土地（以下，これらを併せて「本件雑種地」という。）である。

　本件雑種地の状況は以下のとおりとなっている。

(イ)　いずれも最寄り駅から２kmから３km，徒歩で20分から30分程度，

市街化区域との境界から１km程度の場所に位置し，本件雑種地が接している国道Ｐ号線，Ｕ街道等には，バス路線が設けられている。

㈥　国道Ｐ号線，Ｕ街道等の道路沿いは宅地化が進んでおり，殊に，本件ｊ土地及び本件ｋ土地の近隣では一団の住宅が建築されている。

㈦　本件雑種地が所在する区役所固定資産税課職員の答述によれば，市街化調整区域内であっても，建物の建築許可申請がされた場所が，昭和45年以前に既存建物の存在している地域であり，道路の状況及び上下水道の設置の状況等により宅地化できる場所であると確認され，許可が下りれば，建物の建築は可能とされていることが認められる。

本件雑種地の評価について，審査請求人は，本件雑種地に状況が類似する付近の土地は山林であり，山林を比準地として評価する方式が最も合理的であると主張した*5。

これに対し原処分庁は，本件雑種地は，宅地に最も類似していることから宅地比準方式により評価し，建物建築の制限があることから，評価通達27−5（家屋の建築が全くできない場合）の定めに準じて50％相当額を控除して評価すべきと主張した。

裁決は，本件雑種地は市街化区域の境界の近くに位置し，周辺においては公道に面した土地などで建物が建築され，一団の宅地開発が行われている場所もあり，また，区役所固定資産税課職員の答述によれば，市街化調整区域内であっても条件によっては建物の建築は可能で，全く建築が禁止されているとまでは言えないと認められることからすると，一般的には建物の建築が制限されているとはいえ，建築が全くできないものではなく，その状況は宅地の状況に最

＊5　山林比準による価額は，宅地比準による価額と比べて著しく低額となる。本件において，山林比準による価額は不明（おそらく数十万〜数百万円の評価額と思われる）であるが，宅地比準による価額は合計４億3,564万9,785円となっている。

も類似しているといえるから宅地比準方式により評価するのが相当であると判断している。

　なお，本件雑種地の価額は，比準地との位置，形状等の条件の差として50％相当額を控除した価額から宅地造成費相当額を控除して評価するのが相当としている。

② 　平成16年３月31日裁決

　平成16年３月31日裁決〔裁決事例集67巻491頁〕における評価対象地は，本件13土地及び本件14土地（以下，あわせて「本件雑種地」という。）である。

　本件雑種地の状況は以下のとおりとなっている。

(イ)　本件13土地は，北西側でR市r町k番及び同g番の土地（以下「k番及びg番土地」という。）に接している。k番及びg番土地は，北西側で市道○○号線に面し，北東側では，市道○○号線と接合する道路（以下「北東側道路」という。）に面する角地である。本件雑種地は，いずれもその北東側道路に面している。

(ロ)　北東側道路には，固定資産評価基準の定めに基づく平成９基準年度の宅地価格として98,000円／㎡が付されているが，同道路を含む地区の平成10年度の固定資産税の価格は，地価下落傾向があることによる特例措置として，平成９基準年度の価格に時点修正率（平成９年度95／100，平成10年度100／100）を乗ずると，同道路に付される価格は，93,100円／㎡となる。

(ハ)　本件雑種地は，都市計画法第43条第１項による建築制限を受ける土地である。

　審査請求人は，本件雑種地の価額は，その付近の宅地に準ずる雑種地として評価されている固定資産税評価額に，宅地の倍率1.1を乗じて求めるべきであると主張した。

　これに対し，原処分庁は，本件雑種地は，付近の宅地に類似すると認められることから，R市r町k番又はg番所在の宅地（固定資産税評価額132,050円／㎡）に比準し，建物の建築が制限されてい

●図表－3　本件雑種地の価額

項　目		原処分庁	裁　決
比準地（R市r町）		k番又はg番所在の宅地	g番に所在する土地の内，南側部分の宅地
本件13・14比準地の1㎡当たりの固定資産税評価額	①	132,050円／㎡	93,100円／㎡
財産評価基準書に基づく倍率	②	1.1	1.1
建物建築制限の差異による斟酌	③	0.5	0.5
本件雑種地の自用地としての1㎡当たり相続税評価額（①×②×③）	④	72,627円／㎡	51,205円／㎡

ることから50％相当額を控除して評価すべきと主張した。

　裁決は，本件雑種地は，宅地に比準した価額によって算出するのが相当としているが，原処分庁が比準地としたk番及びg番土地（固定資産税評価額132,050円／㎡）は，市道○○号線と北東側道路の両方に面する角地で，本件雑種地とは接道条件が異なるから，比準地として採用することは相当ではないと述べている。

　そして，本件雑種地は，市道○○号線に面しておらず，北東側道路のみに面していることから，本件雑種地の相続税評価額を求めるために採用する比準すべき土地は，同じ接道条件であるR市r町g番に所在する土地の内，南側を占める部分の宅地（固定資産税評価額93,100円／㎡。以下，「本件13・14比準地」という。）とすることが相当と判断している。

③　平成30年4月17日裁決

　平成30年4月17日裁決〔TAINS・F0－3－613〕における評価対象地は，本件1土地及び本件2土地（以下，本件1土地と併せて「本件各土地」という。）である。

　本件各土地の利用状況は次のとおりとなっている。

(イ)　本件各土地の東端から東に約300mの位置，本件1土地の南端から南に約40mの位置に，それぞれ市街化区域との境界がある。

(ロ)　本件1土地の南側は宅地，東側にある道路の反対側は宅地，西側にある道路の反対側は農地である。

(ハ)　本件2土地の南東側は宅地，東側にある道路の反対側は農地，西側にある道路の反対側は宅地，北側にある道路の反対側は宅地や農地等であるなど，本件各土地を含むその周囲は，宅地，農地及び雑種地等が混在する地域である。

(ニ)　本件各土地は，被相続人が農地法第5条による転用許可を受け，訴外法人が本件2土地について都市計画法第29条《開発行為の許可》に規定する開発許可を受けた後，平成7年頃に訴外法人が砂利採取業を廃業し砂利プラント施設等を撤去するまで，当該施設等の敷地として利用されていた。その後，相続の開始時までの間も，本件各土地が農地として利用されたことはない。

(ホ)　本件1土地の一部については，使用目的を駐車場として訴外法人に貸し付けられており，上記以外の部分は，未利用であった。本件1土地は，賃借人によるアスファルト舗装等の敷設はされておらず，全体が平坦で砕石敷きの状態であった。

(ヘ)　本件2土地は，全体が平坦で，雑草対策のために地面を黒いビニールシートで覆った状態であった。なお，本件相続の開始時において，訴外法人を注文者とする太陽光発電設備の設置工事の途中の状態であり，太陽光パネルの設置は完了し，引渡し前の検査の段階にあった。

　本件各土地の評価について，審査請求人は，比準土地はいずれも農地とすべきであると主張し，原処分庁は，本件各土地及びその周囲の状況からすれば，比準土地はいずれも宅地とすべきであると主張した。

　裁決は，本件相続の開始時において，①本件各土地は市街化区域に近接しているといえること，②本件各土地の周囲には宅地が点在していること，③本件各土地は，いずれも建築基準法第42条第1項に規定する道路に囲まれていることに加え，④本件各土地は，いず

れも農地法第5条の転用許可を受けた後，30年以上農耕の用に供されておらず，また，本件1土地は少なくとも平成7年以降砕石敷きの状態が継続し，本件2土地は太陽光発電設備が設置されており，いずれも宅地と同様の外観を呈していること，及び⑤本件各土地の固定資産税評価額も，付近の宅地に比準して求める方法により算出されていることを併せ考慮すれば，本件各土地の比準土地はいずれも宅地と判定すべきであると判断している。

4 非線引き区域の雑種地の評価

(1) 非線引き区域とは

　都市計画区域において，市街化区域及び市街化調整区域といった区域区分が定められていない地域を「非線引き区域」という（かつては「未線引き区域」とも呼ばれていたが，平成12（2000）年の都市計画法の改正によりこの呼称は廃止されている）。

　非線引き区域においては，原則として，建築基準法等の要件を満たせば一般住宅の建築は可能となる。そのため，市町村は計画的な市街地を形成するために用途地域を定めることができる。用途地域が定められている地域においては，建ぺい率や容積率，高さなど予定建築物の用途がこれに適合している必要がある。

　用途地域が定められていない地域においては，基本的には建築制限はないが，予定建築物の種類や構造，床面積によっては建築条件が定められていることがあるため，所在する市区町村での確認が必要となる。

(2) 非線引き区域と雑種地の評価

　では非線引き区域内の雑種地の評価はどのように行うのであろうか。

前提として，「市街化区域内」の雑種地については宅地に比準して価額を算出する。路線価地域であれば，路線価方式により評価を行い，倍率地域であれば，その雑種地が宅地であるとした場合の価額に基づいて評価を行う*7。

　一方，「市街化調整区域内」の雑種地については，周辺の状況に応じて農地等又は宅地に比準して評価を行う。その評価方法については前述3(1)の通りである。

　さて，「非線引き区域内」の雑種地の評価方法については明文の定めがない。

　非線引き区域かつ路線価地域であれば，路線価方式により価額を算出することになるためそれほど問題とはならない。

　問題は，非線引き区域かつ倍率地域である。そこでは，その地域で用途地域が定められているなど建物の建築が可能な地域である場合には，市街化区域の雑種地に準じて評価を行うものと考えられる*8。

(3)　争 訟 事 例

　平成19年6月22日裁決〔TAINS・F0－3－319〕においては，非線引き区域の雑種地の評価が争われている。

　本件雑種地の状況は以下のとおりである。

(イ)　市街化区域及び市街化調整区域の定めがない，いわゆる非線引きの都市計画区域に所在する。

(ロ)　倍率方式により評価する地域に所在し，宅地の固定資産税評価額に乗ずる倍率は1.1と定められているが，雑種地の固定資産税評価額に乗ずる倍率は定められていない。

(ハ)　建築基準法に規定する道路に接していない。

＊7　市街化区域かつ倍率地域における雑種地の評価方法は，倍率地域における市街地農地（第8章1(2)）と同様である。
＊8　前掲＊7

㈡　乙土地の近隣に所在する標準的な画地である宅地の1㎡当たりの固定資産税評価額（近傍宅地の評価額）は，16,300円である。

㈎　乙土地の周辺区域には一般住宅が散在しており，それらの住宅地と乙土地は区画された形状など状況が類似している。

㈅　建築指導課の職員は，乙土地が所在する地域は，建築基準法に規定する接道義務を満たしていれば，建物の建築が可能である旨答述している。

　乙土地の評価について，審査請求人は，形状は宅地に類似しているが，建築物を建築することができない土地なのであるから宅地を比準地として評価するのは誤りであると主張し，原処分庁は，同土地付近一帯が分譲地として開発され，宅地と類似する状況であることから比準地は宅地であると主張した。

　裁決は，乙土地の周辺地域は，一団の宅地造成開発が行われていた地域であり，現に同地域内では住宅が散見されるように，建物の建築が可能な地域であると認められることから，道路の位置指定が

●図表－4　請求人及び原処分庁の主張額

区　　分		審査請求人主張額	原処分庁主張額
近傍宅地の評価額（1㎡当たり）	①	16,300円	16,300円
倍率	②	1.1	1.1
奥行価格補正率	③	0.8	0.8
不整形地補正率	④	0.6	0.6
1㎡当たりの価額 （①×②×③×④）	⑤	8,606円	8,606円
無道路地の割合	⑥	0.4	0.4
1㎡当たりの無道路地の割合を控除した価額（⑤×（1－⑥））	⑦	5,163円	5,163円
建築制限の減価割合	⑧	0.5	－
1㎡当たりの建築制限の減価割合を控除した価額（⑦×（1－⑧））	⑨	2,581円	－
地積	⑩	661㎡	661㎡
評価額（⑨×⑩又は⑦×⑩）	⑪	1,706,041円	3,412,743円

されれば建築が可能で，宅地化された地域であり，同土地の状況も宅地の状況に最も類似していると認められるから，同土地の価額は，状況が類似する付近の宅地を比準地として評価するのが相当と判断している。

そして，同土地が接道義務を満たさないことによって建物の建築ができない点は，無道路地補正によってしんしゃくするのが相当であり，建築制限による50％の減価については合理的な根拠もないと述べている。

5　本章のまとめ

路線価地域にある雑種地の評価にあたっては，路線価を基として奥行価格補正や不整形地補正，無道路地補正などの画地補正を考慮して評価することになるが，必要に応じて宅地造成費の控除が可能となることから，現地確認にてその要否を判断する必要がある。

市街化調整区域にある雑種地の評価については，雑種地としての固定資産税評価額に評価倍率（1.1）を乗じて評価するのではなく，また，近傍宅地単価を調べ，評価倍率を乗じて評価するのみではなく，画地補正やしんしゃく割合の減価を失念することがないように注意したい。

実務上，最も重要なポイントは，市街化調整区域における雑種地の比準地目としんしゃく割合の判定である。評価対象地と状況が類似する比準地目の判定にあたっては，周囲の状況を十分考慮して判定することが求められ，しんしゃく割合の判定においても，店舗等の建築が可能であるか否かの詳細な役所調査が必要となる。

第10章
通達に定めのない評価

前章までは，財産評価基本通達に定める減価について確認してきた。本章ではその通達に定めのない減価について確認しておきたい*1。

1　利用価値が著しく低下している宅地の評価

(1)　タックスアンサーの取扱い

　まずは，利用価値が著しく低下している宅地の評価である。これは国税庁ホームページのタックスアンサーに掲載されている*2。

　評価対象地の利用価値が，付近の宅地の利用状況からみて，著しく低下していると認められる場合は，その利用価値が低下していると認められる部分の面積に対して10％の減額をすることができる。

　利用価値が著しく低下している場合とは，例えば次のようなものをいう。

　イ　道路より高い位置にある宅地又は低い位置にある宅地で，その付近にある宅地に比べて著しく高低差のあるもの

　ロ　地盤に甚だしい凹凸のある宅地

　ハ　震動の甚だしい宅地

　ニ　イからハまでの宅地以外の宅地で，騒音，日照阻害（建築基準法56条の２に定める日影時間を超える時間の日照阻害のあるもの。），臭気，忌み等により，その取引金額に影響を受けると

＊1　"通達に定めのない評価"と似て非なるものに"通達によらない評価"がある。通達によらない評価（評価通達６）は，路線価方式，倍率方式といった通達によらず，不動産鑑定評価や取引実例価格を採用するというものである。本章は，通達（路線価方式，倍率方式）によった上でそこに規定のない減価要因を模索するというものである。

＊2　国税庁タックスアンサー No.4617「利用価値が著しく低下している宅地の評価」

認められるもの

なお，土地に高低差があり，かつ，騒音がある場合など，複数の減価要因がある場合には10％と10％で20％の減価ができる＊3。

(2)　旧東京国税局通達

かつて昭和55年から平成4年まで，東京国税局において「個別事情のある財産の評価等の具体的取扱いについて」と題する通達があり，そこでは利用価値の著しく低下している宅地の評価として以下の減価要因が挙げられていた。

イ　著しく傾斜している宅地

ロ　道路より高い位置にある宅地又は低い位置にある宅地で，その付近にある宅地に比して著しく高低差のあるもの

ハ　地盤に甚だしい凹凸のある宅地

ニ　湿潤な宅地

ホ　その地域における標準的な宅地の面積に比して著しく広大又は狭あいな宅地で，当該地域における宅地としての通常の用途に供することができないと認められるもの

　（注）　著しく広大な宅地とは，高層ビル街又は高層マンション等の建築が可能な地域にある宅地を除く宅地で，原則として，その面積がその地域における標準的な宅地の面積のおおむね5倍以上で，かつ，1,000㎡以上であるものをいい，また，著しく狭あいな宅地とは，原則として，その面積がその地域における標準的な宅地の面積のおおむね5分の1以下で，かつ，40㎡以下であるものをいう。

ヘ　震動の甚だしい宅地

＊3　平成13年6月15日裁決〔TAINS・F0－3－212〕においては，新幹線の高架線に隣接し，かつ，元墓地であった土地の評価について，震動・騒音による評価減10％と元墓地であることの評価減10％，さらに住宅地における日照及び眺望への影響の評価減10％を行うことが相当とされている。

ト　イからヘまでに掲げる宅地以外の宅地で，騒音，日照阻害，
　臭気，忌み等により，売買する場合には，その宅地の取引金額
　に著しく影響があると認められるもの
　（注）　上記の「日照阻害」の程度は，原則として，建築基準法56条
　　　　の２に定める日影時間を超える時間の日照阻害のあるものとす
　　　　る。ただし，中高層ビル等の連担する地域を除く。
　現行のタックスアンサーとの違いは，"著しく傾斜している宅
地"や"湿潤な宅地"，"著しく広大又は狭あいな宅地"である。
　現行では，著しく広大な宅地は地積規模の大きな宅地の評価の適
用となっている。一方で，狭あいな宅地については掲載がなくなっ
ているが，地積が小さいことにより宅地として通常の用途に供する
ことができないと認められるものについては，利用価値が著しく低
下しているものとして個別に10％減の適用が可能と考えられる。

(3)　争 訟 事 例

　利用価値が著しく低下していると認められるものとして，高低差
のある土地，新幹線の高架線に隣接していて騒音が著しい土地や，
周囲が墓地に囲まれているような土地，目の前に歩道橋があるよう
な土地が挙げられる。
　平成18年５月８日裁決〔裁決事例集71巻533頁〕においては，評
価対象地の北側を除く三方が墓地で囲まれている場合，宅地として
の価額の10％相当額を控除して評価することが相当とされている。
　また，平成17年８月23日裁決〔TAINS・F０－３－124〕におい
ては，評価対象地が路線に面している部分に横断歩道橋及びガード
レールが設置されていることについて，付近にある他の宅地の利用
状況と比較して，利用価値が著しく低下していると認めて10％に相
当する金額を控除することが相当とされている。
　一方で，この規定は，周辺の宅地において共通の環境要因である
場合や，すでに路線価や固定資産税評価額がその状況を考慮して付

されている場合には適用されない。

　例えば，周囲に下水処理場があること，家畜施設があることなどその影響が広範囲の地域にわたり，その減額要因が，路線価に既に織り込み済みである場合には，利用価値が著しく低下している10％評価減の対象とならないとされている*4。

(4)　高低差による減価

　実務上，最も多くあるものが道路との高低差である。

　土地に著しい高低差がある場合，その面については，擁壁を必要とし，人や自動車が出入りできないという利用不可能な部分が生じ，仮に出入口として利用する際には相当の造成費用が必要となる。したがって，利用価値が著しく低下しているものとして減価を行う。

　ただし，道路面に対して何メートルの高低差があれば利用価値が著しく低下しているのかといった基準は明示されていない。そこで，10％の減価を行うべきか否かが争われた事例を参考としてみたい。

①　10％減が適用された事例

　以下の(i)から(iii)は10％の減価が適用された事例である。

　(i)　平成18年5月8日裁決

　　平成18年5月8日裁決〔裁決事例集71巻533頁〕においては，評価対象地が接面する県道より2.9m低いことから，審査請求人及び原処分庁ともに利用価値が著しく低下している宅地として10％相当額を減額している。

　(ii)　平成19年4月23日裁決

　　平成19年4月23日裁決〔TAINS・F0-3-146〕においては，評価対象地（以下「本件各宅地」という。）と接面する道路の間に約1.2mの高低差がある。

＊4　大阪地裁平成4年9月22日判決〔税務訴訟資料192号490頁〕，平成2年10月19日裁決〔裁決事例集40巻217頁〕

原処分庁は，道路より平均で1.2m程度高い位置にあるものの，本件各宅地以外の宅地もその道路より高い位置にあることから，本件各宅地だけが著しく高低差があるとまではいえないと主張した。

　裁決は，本件各宅地は，道路に接する他の宅地に比して道路より約1.2m高い土地であり，また，本件各宅地のみがこの高低差のため車両の進入ができないことに加えて，道路の幅員及び路面状況にも差が認められることなどを総合勘案すると，利用価値が著しく低下した土地に当たると判断している。

(iii)　平成29年4月7日裁決

　平成29年4月7日裁決〔国税不服審判所ホームページ〕においては，評価対象地（以下「本件各土地」という）が道路と比べて高い位置にあり，その道路に接する他の宅地と比べても著しく高い位置にある。

　裁決は，本件各土地と周辺の一連の土地の高低差を比較検討してもなお著しい高低差があり，本件各土地の全部について，その利用価値が著しく低下していると認められることから，10％を減額するのが相当であると判断している。

②　10％減が適用されなかった事例

　一方，高低差の程度が低い場合や，付近の宅地と比較して利用価値が著しく低下していると認められない場合には10％の減額は適用されないこととなる。

（i）　平成18年3月10日裁決

　平成18年3月10日裁決〔TAINS・F0－3－163〕においては，評価対象地と道路に1.5mから2.6mの高低差があるが，その敷地内の店舗への進入の便を図るため，店舗の床面が1.5mから2.6m高くなっている。

　審査請求人は，1.5mから2.6mの高低差があるため，評価に当たって避難安全上の階段・スロープの設置費用及びそのつぶれ

地を加味する必要があり，10％減額が可能と主張した。

　これに対し，裁決は，本件土地は，店舗の床面の高さを道路面に合わせたことにより店舗の敷地としての利用価値が高められており，店舗の底地部分に高低差があることによって，付近の宅地の利用状況に比較して利用価値が低下していないから，評価額を減額する要因とは認められないと判断している。

(ii)　平成18年3月15日裁決

　平成18年3月15日裁決〔裁決事例集71巻505頁〕においては，評価対象地が道路から約70cm低く，審査請求人は，利用価値が著しく低下している宅地であると主張した。

　これに対し原処分庁は，道路より若干低い位置にあるものの，付近の宅地と比較しても何ら遜色がないことから，利用価値が著しく低下しているとは認められないと主張した。

　裁決は，現に審査請求人の居宅の敷地として利用していること及び周囲の宅地の状況と比べても利用価値が著しく低下しているとは認められないと判断している。

(iii)　平成21年4月6日裁決

　平成21年4月6日裁決〔TAINS・F0－3－244〕においては2つの土地の評価が争われている。本件H土地は，北西側道路に約1.5m高く接面する土地であり，本件K土地は，南側道路に等高から最大3m程度高く接面する土地である。

　審査請求人は，付近に多数ある接道面が平坦な土地と比べ，道路と高低差が約2m認められる本件H土地は7％を，道路との高低差が最大で3m認められる本件K土地は10％を減額すべきであると主張した。

　裁決は，本件H土地の所在する一帯は，緩やかな傾斜地であり本件H土地と同程度に接面する道路と高低差のある地勢であること，本件K土地の所在する一帯も，その大部分の土地が，本件K土地と同程度に接面する道路と高低差のある地勢である

ことから，その付近にある宅地に比べて著しく高低差があるとは
いえないと判断している。

(iv) 平成25年3月11日裁決

平成25年3月11日裁決〔TAINS・F0－3－355〕においては，
評価対象地（以下「本件宅地」という。）と道路面との高低差が，
最小で東端部分の約2.7m，最大で西端部分の約3.9mであり，東
端から西端に進むにしたがって徐々に拡大している。

審査請求人は，地域の標準的な宅地である公示地が道路面と等
高であること，本件宅地が面する道路に沿接する宅地（以下「本
件市道沿接宅地」という。）の高低差は，おおむね1m程度に収
れんしているのに対し，本件宅地は最大3.5m高い場所に位置す
ることから，著しく高低差のある宅地であると主張した。

これに対し原処分庁は，本件宅地及び本件市道沿接宅地には，
いずれも高低差が存在するため，本件市道沿接宅地に比べて著し
く高低差のある宅地ではないと主張した。

裁決は，本件宅地が面する路線（以下「本件路線」という。）
は，東側から西側方向へ下る坂となっているため，本件路線に接
する宅地の地盤面には高低差があり，このことは本件路線に接し
ている宅地に共通したものであることが認められ，また，本件路
線に接するその他の宅地の地盤面には，本件宅地と同程度の高低
差が認められることからすると，本件路線に接する一連の宅地に
共通している高低差と，本件宅地の高低差を比較検討しても，な
お著しい高低差があるとはいえないと判断している。

③ 小 括

本規定のポイントは，第一に，高低差の程度である。どの程度の
高低差があれば利用価値の著しい低下といえるのかという点である
が，道路面から1.2mや2.9mの高低差があることによって10%の
減額が認められる場合もあれば，高低差が2.7mでも減額が認めら
れない場合もある。そこには明確な基準がないが，70cmでは「若

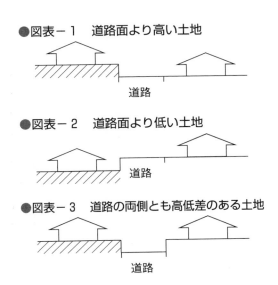

●図表−1　道路面より高い土地

道路

●図表−2　道路面より低い土地

道路

●図表−3　道路の両側とも高低差のある土地

道路

干低い」程度とされていることからしても少なくとも1m以上の高低差は必要と考えられる。

　第二に，その付近にある宅地と比べて著しい高低差のあるものでなければならない*5。例えば，図表−1や図表−2のようにその道路に面する付近の土地と比べて高い場合または低い場合に適用がなされるが，図表−3のようにその道路に面する宅地において，共通する地勢となっており，周辺の宅地と比べて利用価値が著しく低下していると認められない場合や路線価にすでに織込み済みと考えられる場合には斟酌されないことに留意が必要である。

(5) 騒音による減価

---

*5　平成25年3月11日裁決〔TAINS・F0−3−355〕においては，路線価は，基本的に価額に影響を与える土地の高低差は考慮されており，原則として，路線価の評定とは別に土地の高低差を個別にしんしゃくする必要はないことからすれば，この取扱いは，同一の路線に接する一連の宅地に共通している地勢の宅地の地盤面と道路の路面との高低差と，評価する宅地の地盤面と道路の路面との高低差とを比較検討しても，なお，後者に著しい高低差のある場合に限るのが相当と述べられている。

●図表－4　騒音の状況

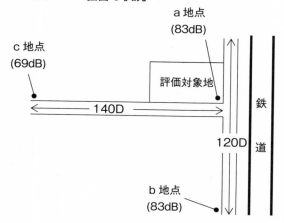

① 騒音による影響を受ける場合とは

　次に，騒音による減価である。

　近くに鉄道が通っていたり，幹線道路があったりして騒音により生活環境を著しく損なっていると認められる場合には10％の減額が可能となる。

　例えば，図表－4のようなケースである。

（i）　評価対象地から道路を挟んだところに線路がある。

（ii）　電車通過時の騒音を計測すると，a地点及びb地点で83dB，c地点で69dBである[*6]。

　この場合，a地点とb地点は同じ路線であるが，騒音については両方とも83dBで同水準であり，減価はないといえる。

　しかし，a地点とc地点は同じ路線であるが，c地点の騒音が69dBであるのに対し，a地点の騒音は83dBとなっている。つまり，同一の路線上で，電車通過時の騒音が1.20倍異なるにもかかわらず路線価が同じということである。そこで，a地点（評価対象地）については騒音により利用価値が著しく低下している宅地として評価減

＊6　音の強さを表す単位をデシベル（dB）という。

を行う。

② 騒音の程度

ただし，ここでも高低差と同様に，どの程度の騒音であれば利用価値が著しく低下しているのかといった基準が示されていない。そこで，他の法律等における基準を参考としてみたい。

㈠ 環境基本法

環境基本法においては，生活環境を保全し，人の健康の保護に資する上で維持されることが望ましい騒音の基準（環境基準）が定められている（環境基本法16）。

その環境基準は，地域の類型及び時間の区分ごとに図表－５の基準値の通りとなる[7]。どの類型に当てはまるかは，都道府県知事（市の区域内の地域については，市長）が指定する。

ただし，道路に面する地域については，図表－５によらず図表－６の基準値のとおりとする。

なお，この環境基準は，鉄道騒音，航空機騒音及び建設作業騒音には適用されない[8]。

●図表－５　騒音の基準値

地域の類型	基準値	
	昼間	夜間
AA	50dB 以下	40dB 以下
A 及び B	55dB 以下	45dB 以下
C	60dB 以下	50dB 以下

(注)　1　時間の区分は，昼間を午前６時から午後10時までの間とし，夜間を午後10時から翌日の午前６時までの間とする。
　　　2　AA を当てはめる地域は，療養施設，社会福祉施設等が集合して設置される地域など特に静穏を要する地域とする。
　　　3　A を当てはめる地域は，専ら住居の用に供される地域とする。
　　　4　B を当てはめる地域は，主として住居の用に供される地域とする。
　　　5　C を当てはめる地域は，相当数の住居と併せて商業，工業等の用に供される地域とする。

＊7　環境省「騒音に係る環境基準について」
＊8　環境省「騒音に係る環境基準について」第３適用除外

●図表－6　道路に面する地域の基準値

地域の区分	基準値	
	昼間	夜間
A地域のうち2車線以上の車線を有する道路に面する地域	60dB以下	55dB以下
B地域のうち2車線以上の車線を有する道路に面する地域及びC地域のうち車線を有する道路に面する地域	65dB以下	60dB以下

●図表－7　自動車騒音の要請限度

区域の区分	昼間 午前6時〜午後10時	夜間 午後10時〜午前6時
一　a区域及びb区域のうち一車線を有する道路に面する区域	65dB	55dB
二　a区域のうち二車線以上の車線を有する道路に面する区域	70dB	65dB
三　b区域のうち二車線以上の車線を有する道路に面する区域及びc区域のうち車線を有する道路に面する区域	75dB	70dB

（注）　a区域，b区域，c区域とは，それぞれ次の各号に掲げる区域として都道府県知事（市の区域内の区域については，市長）が定めた区域をいう。
　　　a区域　専ら住居の用に供される区域
　　　b区域　主として住居の用に供される区域
　　　c区域　相当数の住居と併せて商業，工業等の用に供される区域

㈹　自動車騒音（騒音規制法）

　騒音規制法においては，自動車騒音により道路の周辺の生活環境が著しく損なわれると認めるときは，市町村長等は都道府県公安委員会に対し，改善措置を執るべきことを要請することができる（騒音規制法17）。

　そこでは，図表－7に掲げるとおり，その地域が住居区域か商業区域か，車線が一車線か二車線かなどによって基準が異なる[9]。

＊9　騒音規制法17条1項の規定に基づく指定地域内における自動車騒音の限度を定める省令

また，幹線道路に近接する区域（二車線以下の車線を有する道路の場合は道路の敷地の境界線から15m，二車線を超える車線を有する道路の場合は道路の敷地の境界線から20mまでの範囲）については，昼間においては75dB，夜間においては70dBとされている。

(ハ)　鉄道騒音

　環境庁は，在来鉄道騒音について，在来鉄道を新設する際に，生活環境を保全し，騒音問題が生じることを未然に防止する上で目標となる騒音の指針値を公表している*10。

　そこでは，等価騒音レベル（変動する騒音に人間がどの程度の時間さらされたかを評価する量で，観測時間内の平均値として表したもの）が，昼間（7時から22時まで）は60dB以下，夜間（22時から翌7時）は55dB以下とするものとされている（図表－8）。

　また，新幹線騒音については，第二種住居地域を主として住居の用に供される地域とし，当該地域については，原則として連続して通過する20本の列車のピーク騒音レベル（調査対象となる1列車が通過する際に発生する騒音レベルの最大値）で，その上位半数のパワー平均値（騒音のもととなっている音のエネルギー量を平均した値）を70dB以下とするとされている（図表－9）*11。

③　争訟事例

　令和2年6月2日裁決〔国税不服審判所ホームページ〕において

●図表－8　鉄道騒音

適用地域	昼　間 7時～22時	夜　間 22時～7時
新線（鉄道事業法又は軌道法の認可を受けて工事を施行する区間）	60dB以下	55dB以下

*10　環境庁「在来鉄道の新設又は大規模改良に際しての騒音対策の指針について」
*11　環境庁「新幹線鉄道騒音に係る環境基準について」

●図表－9　新幹線騒音

地域の類型	基準値
I	70dB 以下
II	75dB 以下

（注）　Iをあてはめる地域　主として住居の用に供される地域
　　　　IIをあてはめる地域　I以外の地域で通常の生活を保全する必要がある地域

は，鉄道騒音に対する評価減の適否が争われている*12。

　本件の評価対象地（以下「本件土地」という。）の概要は以下のとおりである。

　㈠　本件土地は，北西側に敷設された d 鉄道 e 線の線路敷から約10m から30m までの範囲内に位置している。

　㈡　本件土地の南東側には甲土地，次いで乙土地が隣接しており，乙土地は，更にその南東側で市道 f 線に面している。

　㈢　上記乙土地が面する市道 f 線に設定された平成27年分の路線価は93,000円（以下「本件路線価」という。）である。

　㈣　市道 f 線は，本件路線価が設定されている区間において，d 鉄道 e 線からおよそ90m 以上離れていることから，路線価の決定に当たって鉄道騒音の要因はしんしゃくされていない。

　㈤　平成30年 9 月21日（金曜日）午前10時から約50分間にわたって審査請求人が行った本件土地における鉄道騒音の測定の方法及びその結果は，以下のとおりであった（以下「本件測定」という）。

　　A　騒音計は，JIS 規格の適合性の認証を受けたものではないが，JIS C 1509－ 2 に準拠したものである。

---

*12　本件のほか，平成13年 6 月15日裁決〔TAINS・F 0 － 3 －212〕において新幹線の高架線に隣接していることにより10％が減額されている一方，平成22年 3 月25日裁決〔TAINS・F 0 － 3 －260〕においては，鉄道高架に接している土地について，路線価が騒音といった環境要因を加味して付されており著しく利用価値が低下しているとはいえないとされている。

B　測定地点は，本件土地内のd鉄道e線から水平距離で10.05m及び29.98mの各地点において，周囲3.5m以内に窓又は外壁などの反射物がない状況で，マイクロホンを地上から1.2mの高さに設置して測定した。

　　C　測定結果については，約50分間に25本の列車の通過があり，その測定値は，10.05mの地点では67.5から85.0dB，29.98mの地点では61.8から79.5dBであった。

　審査請求人は，本件測定によりd鉄道e線に最も近い地点で最大85dB，最も離れた地点で最大79.5dBの騒音が計測されており，これは，g県の一般地域（道路に面する地域以外の地域）のうち第二種住居地域における騒音に係る環境基準の昼間（6時から22時）の基準値である55dBをいずれも上回るものである上，d鉄道e線の列車の走行数からすると，騒音の発生頻度も高いものであると主張した。

　これに対し，原処分庁は，本件土地はその利用価値が著しく低下している宅地とは認められないから，10％の減額をして評価することはできないと主張した。

　裁決は，等価騒音レベルは不明であるものの，少なくとも，①10.05m地点における測定値（67.5から85.0dB）及び29.98m地点における測定値（61.8から79.5dB）は，いずれも在来鉄道騒音指針の等価騒音レベルによる昼間（7時から22時）の指針値である60dBを上回っていること[13]，②本件測定における連続して通過する20本の列車の上位半数の測定値は，どの20本をとっても，いずれも新幹線騒音基準のピーク騒音レベルによる基準値である70dBを上回っていること[14]，③全通過本数25本のうち21本の測定値が同基準値を上回っていることが認められると認定している。

　そして，本件土地については，①本件路線価に騒音の要因がしん

---

[13]　図表－8参照
[14]　図表－9参照

しゃくされていないこと，②d 鉄道 e 線の列車走行により，相当程度の騒音が日常的に発生していたと認められること，③当該騒音により，その地積全体について取引金額が影響を受けていると認められることから，本件土地の全体につき，騒音により利用価値が著しく低下している宅地として評価すべきものとしている。

④　小　　括

　騒音による減価のポイントは，騒音の程度と路線の向きである。現地調査において騒音計で騒音を確認し，それぞれの地域において自動車であれば騒音規制法の要請限度，鉄道であれば鉄道騒音指針の基準となる値を超えるものである場合には，減価の対象となる。

　そして，その騒音に対し路線価の向きを確認する必要がある。同一の路線上で騒音状況が異なるにもかかわらず，同じ路線価となっている場合に適用が可能となる。

2　庭内神しの敷地

(1)　庭内神しの敷地の評価

　次に，国税庁のホームページにおいて示されているのが，宅地の一部に庭内神しがある場合のその敷地の評価についてである。

　庭内神しとは，屋敷内にある神の社や祠等といった「ご神体」を祀り日常礼拝の用に供しているものをいう。「ご神体」とは不動尊，地蔵尊，道祖神，庚申塔，稲荷等（以下，これらを総称して「不動尊等」ともいう。）で特定の者又は地域住民等の信仰の対象とされているものである。

　相続税法においては，「墓所，霊びょう及び祭具並びにこれらに準ずるもの」の財産価額は課税価格に算入しないと定められており（相法12①二），「これらに準ずるもの」とは，庭内神し，神たな，神体，神具，仏壇，位はい，仏像，仏具，古墳等で日常礼拝の用に

供しているものをいうこととされている（相基通12－2）。

　したがって，「庭内神し」そのものは非課税財産となる。その一方で，その敷地については「これらに準ずるもの」に含まれるのか否かという問題がある。

(2)　従来の取扱い

①　昭和56年以降

　昭和56年6月作成の東京国税局「資産税関係質疑応答事例集」においては，不動尊等の敷地は，現在及びその近い将来においても，その土地の明渡し要求はもちろん地代の請求もできないものの，形式的には土地の所有権を持っていることから，私道の評価に準じて60％評価（当時の私道のしんしゃく割合は40％）することとされていた[*15]。

②　平成16年以降

　その後の東京国税局「資産税審理研修資料（平成16年）」においては，不動尊等の敷地について，(i)個人の住宅敷地内にある場合と(ii)道路沿いにあり地域住民がいつでも参拝できる場合とで取扱いが分かれることとなった[*16]。

　(i)　住宅敷地内にある場合

　　例えば，図表－10のように，個人の住宅敷地内に不動尊等が存在していることから，一般の者が自由に参拝することが不可能であり，もっぱらその敷地の所有者の親族等の信仰の対象とされている場合である。

　　このような不動尊等は，たとえ敷地の所有者等が先祖代々から祭っているものであっても，敷地の所有者等の意向により，不動尊等を移設等することが可能であるほか，その土地が第三者に譲渡された場合には，その第三者はその不動尊等を取り壊すことが

---

*15　東京国税局「資産税審理研修資料（平成16年）」〔TAINS・評価事例708038〕
*16　東京国税局・前掲＊15

●図表－10　屋敷内にある不動尊等

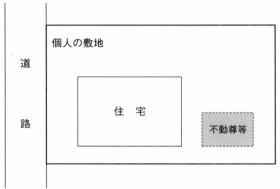

できる。

　したがって，評価上の減価要因があると解することは相当でなく，通常の宅地として評価することとされていた。

(ii)　地域住民の信仰の対象とされている場合

　次に，例えば，図表－11のように，不動尊等が古くから個人の敷地内にあるものの，その管理は地域の住民等が行っており，誰でもその敷地に自由に出入りでき，地域住民等の信仰の対象とされている場合である。

　このような不動尊等の管理は，敷地の所有者ではなく地域住民やその地域の自治会などによって行われている場合が多く，また，その不動尊等の所有者も明らかでない場合が多い。

　さらに，その不動尊等は，地域住民の信仰の対象とされていることから，その敷地について，現在及び近い将来においても，明渡し要求ができないほか，仮に不動尊等の所有者が明らかとなった場合でも，地代の要求すらできない状況であることが多い。

　そこで，このような状況にある不動尊等の敷地の所有者は，単にその土地を所有しているだけにとまり，不動尊等の敷地を更地に復帰する可能性が非常に低いと認められ，これを更地に復帰させるための法的な規制はないとしても，地域住民等の信仰の対象

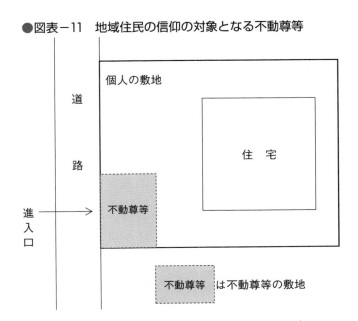

●図表－11 地域住民の信仰の対象となる不動尊等

道路

個人の敷地

住　宅

進入口

不動尊等

不動尊等 は不動尊等の敷地

とされることによって，事実上の使用収益制限を受けているもの
と認めることができる。

　したがって，このような事実上の使用収益制限の存在する土地
は，私有物としてその所有者の意思に基づく処分の可能性が残さ
れている「行き止まり私道」における使用収益制限と類似するも
のと考えることができ，その不動尊等の敷地部分を私道に準じて
3割評価とするのが相当とされていた。

③　東京地裁平成24年判決

　前述のとおり，屋敷内の不動尊等の敷地については減価がなく，
地域住民の信仰の対象とされているものであっても私道に準じて評
価されるなど課税財産として取り扱われてきた。

　そこで，東京地裁平成24年6月21日判決〔税務訴訟資料262号順
号11973〕において，庭内神しの敷地について，非課税財産とすべ
きか否かが争われた。

　本件で争われた土地（以下「本件敷地」という。）の概要は以下

のとおりである。

　㈠　被相続人は，平成19年３月16日に死亡した。

　㈢　本件敷地は，図表－12のとおり，南側に石造りの鳥居（図表
　　　－12①），東側に稲荷の祠（神棚及び９体の稲荷が収められて
　　　おり，賽銭箱や燭台等も配置されている。図表－12⑤⑥），西
　　　側に弁財天の祠（弁財天が２体祀られ，燭台や鉢等も配置され
　　　ている。図表－12③④）がそれぞれコンクリートの土台の上に
　　　設置され，鳥居から稲荷の祠及び弁財天の祠（以下「本件各

●図表－12　本件敷地の状況

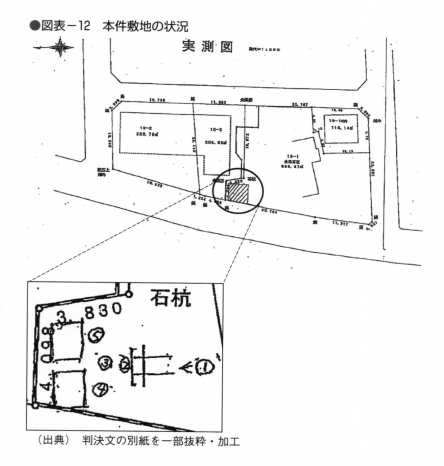

（出典）　判決文の別紙を一部抜粋・加工

198

祠」という。）までは石造りの参道が敷設され，本件敷地のほ
ぼ全体に砂利が敷き詰められている。

(ハ)　上記の本件各祠は，原告の先祖の女性の霊や一族の守護霊を
　　祀ったものであるか否かはさておき，少なくとも庭内神しに該
　　当する。

(ニ)　本件各祠は，甲家以外の者が参拝の対象としているものでは
　　ない。

　本件敷地の評価について，原告は，非課税財産としての「墓所」
や「霊びょう」に準ずる礼拝対象施設については，その礼拝対象施
設だけを指すのではなく，これと機能的に一体となってその尊厳維
持のために一つの場を形成している敷地部分も含むと主張した。

　これに対し被告は，あくまで「墓所，霊びょう」について，それ
が設置されている敷地に限って「墓所，霊びょう」に準じて取り扱
うとの解釈は，「これらに準ずべき」ものと機能的に一体となる財
産にまで妥当するとは解されず，原告主張の解釈をする根拠とはな
らないと主張した。

　判決は，以下(イ)から(ハ)の理由により，本件敷地は非課税規定にい
う「これらに準ずるもの」に該当するということができると判示し
ている。

(イ)　甲家は仏教を信仰しているが，本件各祠は原告の父よりも相
　　当以前の100年程度前に建立されたものであり，甲家で代々祀
　　られており，甲家以外の者が参拝することはない。

　　　また，鳥居については，原告の父が木製だったものを石造り
　　のものに建て替えた。

　　　甲家では，原告の妻が，初午の日に本件敷地にのぼりを立て
　　て，本件各祠につき祭事を行い，本件各祠に果物等の供物をし，
　　普段の参拝は二礼二拍手一礼で行うのが基本であるが，近所に
　　目立たないよう手を合わせて一礼で行っており，稲荷について
　　は特に祟りがあるといけないので大切にするよう言われている。

(ロ)　少なくとも甲家の家庭内において，本件各祠において弁財天
や稲荷を日常的に礼拝することは，間接的にせよ甲家の祖先を
崇拝するという意味合いも併せ持っているものと認められる。

(ハ)　本件敷地及び本件各祠の位置関係及び現況等によれば，本件
各祠は，庭内神しに該当するところ，本件敷地は，①本件各祠
がコンクリート打ちの土台により固着されてその敷地となって
おり，しかも本件各祠のみが存在しているわけではなく，その
附属設備として石造りの鳥居や参道が設置され，砂利が敷き詰
められるなど，外形上，小さな神社の境内地の様相を呈してお
り，②本件各祠やその附属設備（鳥居は原告の父の代には既に
存在していた。）は，建立以来，本件敷地から移設されたこと
もなく，その建立の経緯をみても，本件敷地を非課税財産とす
る目的でこれらの設備の建立がされたというよりは，真に日常
礼拝の目的で本件各祠やその附属設備が建立されたというべき
であるし，祭事にはのぼりが本件敷地に立てられ，現に日常礼
拝・祭祀の利用に直接供されるなど，その機能上，本件各祠，
附属設備及び本件敷地といった空間全体を使用して日常礼拝が
行われているといえる（例えば，仏壇や神たな等だけが置かれ
ていて，当該敷地全体や当該家屋部分全体が祖先祭祀や日常礼
拝の利用に直接供されていない単なる仏間のようなものとは異
なるといえよう。）。このような本件各祠及び本件敷地の外形及
び機能に鑑みると，本件敷地は，本件各祠と社会通念上一体の
物として日常礼拝の対象とされているといってよい程度に密接
不可分の関係にある相当範囲の敷地ということができる。

④　平成24年7月以降

上記東京地裁において，庭内神しとその敷地が社会通念上一体の
物として日常礼拝の対象とされているといえる程度に密接不可分の
関係にある場合には非課税財産に該当すると判断されたのを受け，
国税庁のホームページに「「庭内神し」の敷地等に係る相続税法12

条1項2号の相続税の非課税規程の取扱いの変更について」が掲載された*17。

　そこでは，庭内神しの敷地や附属設備について，①「庭内神し」の設備とその敷地，附属設備との位置関係やその設備の敷地への定着性その他それらの現況等といった外形や，②その設備及びその附属設備等の建立の経緯・目的，③現在の礼拝の態様等も踏まえた上でのその設備及び附属設備等の機能の面から，その設備と社会通念上一体の物として日常礼拝の対象とされているといってよい程度に密接不可分の関係にある相当範囲のものである場合には，その敷地及び附属設備は，その設備と一体の物として相続税の非課税財産として取り扱われることとなった。

　したがって，評価実務にあたっては，屋敷内における庭内神しの有無を確認し，ある場合にはその敷地に供している部分の地積を簡易的に計測し，非課税とすることになる。

3　地下埋設物がある土地の評価

(1)　土壌汚染地の評価

① 評価の方式

　第三に，かつて国税庁のホームページに「情報」として掲載されていたのが土壌汚染地の評価である。

　土地の中には，過去に工場等にて使用された有害な化学物質や排水等が地下に浸み込み，土壌が汚染されているケースがある。いわゆる土壌汚染である。

　近年，土壌汚染による人の健康への対策の確立などの社会的要請が強まり，平成15年に土壌汚染対策法が施行されたことに伴い，平

---

*17　あわせて国税庁質疑応答事例「庭内神しの敷地等」がある。

成16年7月5日に国税庁資産課税課情報「土壌汚染地の評価等の考え方について（情報）」が公表された*18。

　そこでは，土壌汚染地は，不動産鑑定評価にいう原価方式*19により評価を行うものとされている。原価方式の算式を示すと以下のとおりとなる。

（算式）

| 土壌汚染地の評価額 | = | 汚染がないものとした場合の評価額 | − | 浄化・改善費用に相当する金額 | − | 使用収益制限による減価に相当する金額 | − | 心理的要因による減価に相当する金額 |

　この方式では，「汚染がないものとした場合の評価額」から「浄化・改善費用に相当する金額」，「使用収益制限による減価」及び「心理的要因による減価」を差し引いて評価額を算出する。

　「使用収益制限による減価」及び「心理的要因による減価」をどのようにみるかという問題はあるものの，「汚染がないものとした場合の評価額」及び「浄化・改善費用に相当する金額」が把握できることからすると，これが土壌汚染地の基本的な評価方法とすることが可能と考えられている。

　なお，相続税等の財産評価において，土壌汚染地として評価する土地は，「課税時期において，評価対象地の土壌汚染の状況が判明している土地」であり，土壌汚染の可能性があるなどの潜在的な段階では土壌汚染地として評価することはできないとされている。

② 減価要因の内容

　「浄化・改善費用」とは，土壌汚染の除去，遮水工封じ込め等の措置を実施するための費用をいう。浄化・改善方法については，当面は，土壌汚染対策法に規定している指定調査機関が見積もりをし

---

*18　かつては，国税庁ホームページにおいて公表されていたが，現在では見ることはできない。取扱いの詳細は飯田隆一編『土地の評価の実務』（大蔵財務協会，2020年）270〜276頁参照
*19　原価方式とは，価格時点における対象不動産の再調達原価を求め，この再調達原価について減価修正を行って対象不動産の価格を求める手法である。

た費用により計算することとされている＊20。

　また「使用収益制限による減価」とは，土壌汚染地に対する措置が，例えば，遮水工封じ込め措置である場合には，その措置の効果を維持するために遮水機能等を損ねない範囲の土地利用しかできないことになるため，その使用収益制限に伴い生ずる減価をいう。

　ただし，この使用収益制限については，取引の実例がほとんどない中で一定の減価割合を定めることができないことから，当面は，個別に検討する。

　「心理的要因による減価（「スティグマ」ともいう。）」とは，土壌汚染の存在に起因する心理的な嫌悪感から生ずる減価要因をいう。心理的要因による減価についても，これまで，その減価の割合等が公表されたことはなく，取引の実例もほとんどないことから，一律に減価率を定めることは困難であり，当面は，個別に検討する。

③　浄化・改善費用の額が確定している場合の取扱い

　課税時期において，(イ)評価対象地について都道府県知事から汚染の除去等の命令が出され，それに要する費用の額が確定している場合や(ロ)浄化・改善の措置中の土地で既に浄化・改善費用の額が確定している場合には，その浄化・改善費用の額（課税時期において未払いになっている金額に限る。）は，その土地の評価額から控除するのではなく，課税価格から控除すべき債務に計上し，他方，評価対象地は浄化・改善措置を終えたものとして評価する。

④　争　訟　事　例

　以下の令和１年11月12日裁決〔国税不服審判所ホームページ〕は，土壌汚染地の評価が争われた事例である。

　評価の争いとなった本件土地の概要は以下のとおりである。

＊20　環境大臣が指定する指定調査機関は，環境省のホームページ（http : //www.env.
　　go.jp/water/dojo/kikan/index.html）にて公表されている。
　　　なお，浄化・改善費用については，汚染がないものとした場合の相続税評価額が
　　地価公示価格レベルの80％相当額となることから，控除すべき浄化・改善費用につ
　　いても見積額の80％相当額とする。

㈠　被相続人は，平成27年1月○日に死亡した

㈡　審査請求人は，平成28年3月12日，訴外S1社に本件土地を売り渡し，S1社は分譲マンションの建築を目的として買い受けた。

㈢　S1社は，平成28年5月頃，T社に対し，本件土地に係る土壌汚染状況調査を依頼したところ，特定有害物質（六価クロム及びふっ素）が把握された。

㈣　T社は，S1社に対し，同年7月26日付で，土壌汚染の浄化費用を51,300,000円とする見積書を発行した（以下，当該書面を「本件見積書」という。）。

㈤　T社は，昭和○年に財団法人として設立され，平成○年に一般財団法人に移行した法人であり，土壌汚染対策法に基づいて環境大臣が指定する調査機関である。

　本件土地の評価について，審査請求人は，土壌汚染の浄化費用相当額として，本件見積金額の80％相当額を控除すべきであると主張した。

　裁決も，本件土地を評価するに際し，土壌汚染の浄化費用の金額51,300,000円の80％相当額を控除すべきであると判断している。

　なお，土壌汚染の浄化費用については，①T社が算定した本件見積書の金額51,300,000円は，マンションの建築工事と並行して行われることを前提とした場合における限定的な土壌汚染対策工事費用の金額ではなく，一般的な土壌汚染対策工事費用の総額であると認められること，②T社は，一般財団法人であって，本件見積書の交付先であるS1社とは資本関係もマンション建築などの取引関係もないこと，③T社は，土壌汚染状況調査に関し技術的能力を有するものとして環境大臣に指定された者であり，平成24年度から5年間に限っても，年間400件前後の土壌汚染状況調査実績を有していることからすれば，本件見積書の金額51,300,000円は，T社が中立的立場から公正に算出した適正なものと認められるとされている。

(2) 埋蔵文化財のある土地の評価

① 埋蔵文化財包蔵地

　最後に，土壌汚染と同様に地下埋設物に対する取扱いであり，裁判例でその評価方法が示されているのが埋蔵文化財包蔵地である。

　埋蔵文化財とは，土地に埋蔵されている文化財（主に遺跡）をいう。埋蔵文化財の存在が知られている土地（以下「周知の埋蔵文化財包蔵地」という。）は，全国で約46万カ所あり，毎年9千件程度の発掘調査が行われている[*21]。

　埋蔵文化財包蔵地の評価方法については，平成20年9月25日裁決〔裁決事例集76巻307頁〕において，埋蔵文化財包蔵地という固有の事情は，土壌汚染地の評価の考え方に類似する状況にあることから，前出の国税庁資産評価企画官情報「土壌汚染地の評価等の考え方について（情報）」に準じて，土地の評価額から発掘調査費用を控除することが相当とされている[*22]。

② 文化財保護法の定め

　まず，埋蔵文化財に関する文化財保護法の規定を確認しておきたい。

　土地の宅地開発にあたって土木工事を行う場合，対象地が埋蔵文化財包蔵地であるかどうかの確認を行う。その土地が周知の埋蔵文化財包蔵地に該当する場合，工事施工者は，教育委員会に事前の届出等をしなければならない（文化財保護法93，94）。

---

*21　文化庁ホームページ（令和3年10月現在）

*22　埋蔵文化財のほか，地下埋設物として産業廃棄物がある。産業廃棄物についても，地中に物が埋まっていることにより利用制限が生じることやこの利用制限をなくすには一定の除去措置が必要である点において，土壌汚染地と状況が類似していると考えられることから，産業廃棄物除去費用の控除が認められている（東京国税局「資産税審理研修資料（平成17年）」〔TAINS・評価事例708059〕）。

　ただし，評価対象地に一般廃棄物が埋め立てられているとしても，一般廃棄物が埋められていないのと同様の価格で売買がなされるなど通常の価額を維持している場合においては，これを斟酌しないで評価するものとされている（平成19年5月23日裁決〔TAINS・F0－3－210〕，平成23年4月12裁決〔TAINS・F0－3－283〕）。

工事等によりやむを得ず埋蔵文化財が保存できない場合には，まず立会調査を行い，遺跡が存する可能性があれば，次に，試掘調査が行われる。立会調査及び試掘調査の結果，遺跡が発見された場合，発掘調査を行って遺跡の記録を残さなければならない。

試掘調査など簡易な調査については，市区町村が経費負担することがあるが，記録保存のための発掘調査（出土品の整理や発掘調査報告書の刊行を含む）が必要な場合は，原則として事業者の経費負担となる。

そこで，相続税及び贈与税の土地評価においても，この発掘調査にかかる費用が控除できるというわけである。

ただし，埋蔵文化財包蔵地における発掘調査費用の控除は，市区町村における立会調査及び試掘調査の結果，遺跡が発見され，具体的に発掘調査が必要となる場合に控除ができる。

したがって，その地域が周知の埋蔵文化財包蔵地であっても，評価対象地自体に埋蔵文化財が存在し，かつ，具体的に発掘調査費用の負担が必要となるケースでなければ減額はできないことに留意が必要である。

③　発掘調査費用の控除がされた事例

発掘調査費用の控除がされた事例として，平成20年9月25日裁決〔裁決事例集76巻307頁〕がある。

本件の評価対象地（A土地，B土地，C土地であり，併せて「本件各土地」という。）の概要は以下のとおりである。

　㈜　被相続人は，平成17年3月○日に死亡した。

　㈭　本件各土地の所在地一帯は，J貝塚として知られており，過去数回にわたり埋蔵文化財の確認調査が行われ，○○時代の○○貝塚及び住居跡等の遺跡の存在が確認されている。

　㈜　J貝塚は，文化財保護法第93条に規定されている周知の埋蔵文化財包蔵地に該当し，本件各土地は，すべてJ貝塚の区域内に所在している。

㈡　本件各土地において土木工事等を行う場合には文化財保護法第93条第１項に基づく届出を行い，工事に着手する前に発掘調査を実施する必要がある。

㈭　埋蔵文化財は，発掘調査後も現状保存が原則であるが，現状保存が無理な場合には，発掘調査を行い，記録を残すことになる。

㈬　文化財保護法第93条規定の発掘調査に係る発掘調査費用は，原則，土地の所有者（事業者）負担となる。

㈫　Ｐ市教育委員会によれば，本件各土地の発掘調査を要する区域全域について発掘調査を実施した場合の費用は概算11億円，１人の調査職員で対応した場合200か月かかるとされている。

㈮　本件各土地の地積合計は44,292.05㎡であり。位置関係は図表－13のとおりである。

　審査請求人は，埋蔵文化財の発掘費用の取扱いについて，評価通達に定めはないが，土壌汚染地の評価に準じ，発掘調査費用の80％相当額を控除して評価すべきであると主張した。

　これに対し原処分庁は，埋蔵文化財の発掘調査費用は必ずしも負担しなければならないものではなく，土壌汚染地とはその費用負担の必要性において大きく相違するので，本件各土地を土壌汚染地の評価に準じて評価することは相当でないと主張した（文化財保護法による法的規制の程度又は利用上の制約等を検討すると，著しく利用価値が低下しているものと認められることから，10％の減額をすべきであるとしている。）。

　裁決は，本件各土地は，周知の埋蔵文化財包蔵地に該当するため，文化財保護法の規定により，その宅地開発において発掘調査費用の負担が見込まれる土地であるところ，かかる負担は，土壌汚染地について，有害物質の除去，拡散の防止その他の汚染の除去等の措置に要する費用負担が法令によって義務付けられる状況に類似するものと認められることから，本件各土地に存する固有の事情の考慮は，

●図表-13　本件各土地の位置図

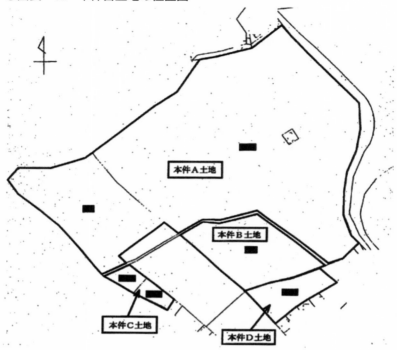

本件A土地

本件B土地

本件C土地

本件D土地

類似する状況における土壌汚染地の評価に準じて行うことが相当と判断している。

　なお，発掘調査費用については，市の教育委員会が，発掘調査基準に基づいて本件土地の状況に応じて積算した金額の80％が採用されている。

④　発掘調査費用の控除がされなかった事例

　一方，発掘調査費用の控除がされなかった事例として，平成30年2月27日裁決〔TAINS・F0-3-600〕がある。

　本件の評価対象地の概要は以下のとおりである。

　㈠　評価の対象となった本件5土地（地積467.13㎡）は，事務所兼住宅及び作業場の敷地として利用されている。

㈹　文化財保護法93条に規定する周知の埋蔵文化財包蔵地内（以下「本件地域」という。）に所在している。

㈶　埋蔵文化財に関する調査が実施されたことはなく，相続の開始の時においても，埋蔵文化財の存在は明らかとなっていない。

㈸　実際に審査請求人に発掘費用等の負担は，生じていない。

㈺　本件５土地の周辺は，戸建住宅が連たんする住宅地であるが，遺跡が発掘されたことや遺跡の存在を示す標識，遺跡の展示物などは見当たらない。

㈼　平成９年度から平成28年度に実施された確認調査の件数は34件であり，このうち埋蔵文化財が確認されたのは４件である。その確認調査において埋蔵文化財が確認されなかった土地のうち，本件５土地に最も近い土地との距離は，直線にして約120mであるのに対し，埋蔵文化財が確認された土地のうち，本件５土地に最も近い土地との距離は，直線にして約350mである。

㈽　上記確認調査のほか，平成９年度から平成28年度に実施された発掘調査は，１件である。

　審査請求人は，本件５土地は，周知の埋蔵文化財包蔵地にあり，利用価値が著しく低下している宅地であるところ，同一路線上で本件地域内と本件地域外とで同一の路線価が付けられており，周知の埋蔵文化財包蔵地であることの影響について路線価に反映されていないから，利用価値が低下していないものとして評価した場合の価額から，10％を控除すべきであると主張した。

　これに対し原処分庁は，①現実に，発掘費用等の負担が生じているといった事情が認められないこと，②付近にある他の宅地の利用状況からみても，直ちに本件５土地の利用価値が著しく低下しているとは認められないこと，③本件地域内に所在することが取引金額に影響を及ぼすと認めるに足りる事実もないことからすると，本件５土地の価額の評価に当たり周知の埋蔵文化財包蔵地であることを

考慮すべきでなく，10％の評価減をすることはできないと主張した。

　裁決は，①本件5土地においては，埋蔵文化財に関する調査がされておらず，埋蔵文化財が存在するか否かが明らかとはなっていないところ，審査請求人に，実際に発掘費用の負担も生じていないこと，②本件5土地の周辺には，埋蔵文化財が包蔵されていることをうかがわせるような具体的な事実も認められず，平成9年度から平成28年度までに実施された本件確認調査においても，埋蔵文化財が確認された件数が少ないことからすれば，本件5土地に埋蔵文化財が包蔵されている蓋然性は低いものと推認されることから，本件5土地において土木工事を行う際に，土地所有者が埋蔵文化財に関する調査に伴う費用等を実際に負わなければならない可能性が高いとはいえず，本件5土地が本件地域内に存することのみをもって，土地の価額に影響を及ぼすべき客観的なその土地固有の事情があるとするのは相当ではないと判断している。

⑤　小　　　括

　地下埋設物の有無については，地図や図面からではわかりにくく，また現地の調査を行ったとしても判明し難い。そのため，例えば，相続後に土地を売却するなどして地盤調査を行った際に発覚することが多い。

　土壌汚染地の評価は，昔の住宅地図を取り寄せ，以前の使用状況が，例えば，工場用地やクリーニング店，ガソリンスタンド，自動車整備工場において特定有害物質の使用があった場合に土壌汚染の可能性が高くなる。

　また，埋蔵文化財包蔵地の評価は，仮に周知の埋蔵文化財包蔵地のエリア内に存していたとしても，路線価に周知の埋蔵文化財包蔵地であることが考慮されていないこと，宅地開発における埋蔵文化財の発掘調査費用の負担が必要と認められる状況でなければ減価を行うことができない。

　いずれにおいても，具体的に汚染物質除去費用や発掘調査費用の

負担が納税者において必要と認められ，かつ，合理的な費用見積額が算出されている場合に控除が可能となる。

4 本章のまとめ

　土地の減価補正は，主に国税庁の財産評価基本通達にしたがって行われているが，近年においては，国税庁ホームページにある「質疑応答事例」や「タックスアンサー」といった取扱いも確認しておかなければならない。例えば，利用価値が著しく低下している宅地の評価は「タックスアンサー」，庭内神しの敷地の評価は「お知らせ」，土壌汚染地の評価は「国税庁資産課税課情報情報」で示されている。

　さらには，裁判例や裁決例の確認も必要である。埋蔵文化財包蔵地については，発掘調査費用相当額の控除ができるという裁決事例があることにより，同様の土地において発掘調査費用相当額が控除できる可能性がある。

　土地の評価は路線価から減価補正を行うという減点方式であるため，いかに漏れなく減価補正を行うかということが重要となる。減価が漏れると，納税者に不適当な税負担が課せられることとなり，評価担当者の知らなかったでは済まされないであろう。

　相続税・贈与税の土地評価を行うにあたっては，財産評価基本通達の取扱いを把握しておくだけで足りず，国税庁のホームページに掲載された取扱いや裁判例・裁決例など常に最新の情報を確認しておく必要がある。

著者紹介

風岡　範哉（かざおか・のりちか）

1978年生まれ，税理士・宅地建物取引士。

主な著書に『相続税・贈与税通達によらない評価の事例研究』（現代図書，2008年），『税務調査でそこが問われる！相続税・贈与税における名義預金・名義株の税務判断』（清文社，2015年），『新版 グレーゾーンから考える相続・贈与税の土地適正評価の実務』（清文社，2016年），『シリーズ 財産評価の現場 土地の評価単位』（ぎょうせい，2021年），主な論文に「財産評価基本通達６項の現代的課題」第28回日税研究賞入選（2005年）がある。

シリーズ 財産評価の現場
土地の減価補正

令和４年５月24日　第１刷発行
令和５年１月26日　第２刷発行

　　　著　　者　風岡　範哉
　　　発　　行　株式会社ぎょうせい

　　　　　　　〒136-8575　東京都江東区新木場１−18−11
　　　　　　　URL：https://gyosei.jp

　　　　　　　フリーコール　0120-953-431
　　　　　　　ぎょうせい　お問い合わせ　検索　https://gyosei.jp/inquiry/

〈検印省略〉

印刷　ぎょうせいデジタル株式会社　　　　　　　　　　©2022　Printed in Japan
＊乱丁本・落丁本はお取替えいたします。
ISBN978-4-324-11111-6
(5108784-00-000)
〔略号：土地減価補正〕